通常の学級でやさしい学び支援

改訂 読み書きが苦手な子どもへの〈漢字〉支援ワーク

令和6年度版 教科書対応

東京書籍 6年

◇ **読めた！書けた！**漢字って簡単でおもしろい！

◇ 漢字の特徴をとらえた**新しいアプローチ！**

◇ **教科書**の新出漢字が楽しく学習できる**ワークプリント集**

竹田契一 監修　村井敏宏・中尾和人 著

明治図書

はじめに

平成十九年から全国の小中学校で一斉に開始された特別支援教育。それは、子どもたち一人ひとりがどこでつまずいているのかをしっかり把握し、その子の学び方に応じて支援をしていくという新しい教育プログラムのスタートでした。中でも読み書きが苦手な子どもたちへどのように支援していくかが大きな課題でもありました。

しかし発達障害が背景にある読み書きが苦手な子どもの場合、単なるケアレスミス、うっかりミスで出来ないのではなく、聴く力では音韻認識の弱さ、見る力では視空間処理の弱さなど大脳機能が関係する中枢神経系の発育のアンバランスが原因であることが多いのが特徴です。この場合、「ゆっくり、繰り返し教える」という学校、家庭で使われている一般的な方法では、その効果に限界がみられます。

この〈漢字〉支援ワークは新しい教科書に合わせた内容になっており、しかも教室で教わる順番に漢字学習ができるようにセットされています。またこのワークは著者の村井敏宏、中尾和人両先生方のことばの教室での長年の経験を通して子どもたちの認知特性に合わせた貴重な指導プログラムの集大成となっています。左記のような「つまずき特性」を持った子どもに対してスモールステップで丁寧に教える〈漢字〉支援のワークシートとなっています。ぜひご活用ください。

1. 読みが苦手で、読みから漢字を思い出しにくい。
2. 形を捉える力が弱く、漢字の形をバランス良く書けない。
3. 「視機能、見る力」が弱く、漢字の細かな形が捉えられない。
4. 多動性・衝動性があるため、漢字をゆっくり丁寧に書くことが苦手。
5. 不注意のために、漢字を正確に覚えられず、形が少し違う漢字を書いてしまう。

漢字が苦手な子どもは、繰り返し書いて練習するだけでは覚えていけません。一人ひとりの特性に応じた練習方法があります。〈漢字〉支援ワークを使ってつまずきに応じた練習をすることにより、自分の弱点の「気づき」につながり、「やる気」を促します。

読み書きが苦手な子どもが最後に「やった、できた」という達成感を得ることが出来ることを願っています。

監修者　竹田契一

もくじ

3学期（教科書 東京書籍6年・210〜238ページ） 99

劇 奏 揮 衆 承 将 否 認 尊 難 我 貴 諸 孝 干 晩 幕 垂 討 拡

＊本書の構成は、東京書籍株式会社の教科書を参考にしています。
＊教材プリントは、自由にコピーして教室でお使いください。
＊学習者に応じて**A4サイズに拡大**して使用することをおすすめします。

ワークシートの使い方

この本には、『通常の学級でやさしい学び支援3、4巻　読み書きが苦手な子どもへの〈漢字〉支援ワーク』に掲載されている4種類のワークについて、6年生の教科書で教わる191字の漢字すべてを収録しています。

1 かくれたパーツをさがせ

字の一部が隠された漢字を見て、正しい部首やパーツを書き入れるワークです。「『段』につく『るまた』は『たたく』の意味がある」など、部首の意味や形にも注目して書いていけるように支援してください。思い出しにくい場合には、8ページの「漢字パーツ」表を拡大して見せて、いくつかの中から選ばせることも有効な支援です。

下の文章には、問題の漢字だけでなく、既習の漢字も書き入れるワークになっています。

2 漢字足し算

2～4個の部首やパーツを組み合わせてできる漢字を考えさせるワークです。

部首やパーツの数が多くなると、その配置もいろいろな組み合わせが出てきます。

部首やパーツは筆順通りに並んでいるので、書くときのヒントにしてください。わかりにくい場合には、□を点線で区切って配置のヒントを出してあげてください(左図)。

配置のヒント例

漢字を書いた後に、「『きへん』の横に『くさかんむり』『日』『大』で『模型のモ』」のように式と答えを唱えさせるとよいでしょう。

3 足りないのはどこ（形をよく見て）

部分的に消えている熟語の足りない部分を見つけて、正しく書いていくワークです。（一部、熟語ではないものも含まれています。）

熟語の漢字の両方に足りない部分があります。線の数や細かい部分にも注意させてください。読みの苦手な子どもには、自分で書いた熟語だけを見せて、読みの練習もさせるとよいでしょう。

子どもによっては知らない熟語も含まれています。子どもに意味を説明させたり、どんな風に使われるかの例を示してあげることも語いを増やしていくことにつながります。

熟語として漢字を覚えていくことは、読解の力をつけるとともに、生活に活きることばの学習につながります。

4 漢字を入れよう

文を読み、文脈から漢字を推測して書いていくワークです。

漢字の読み方は文章の流れで決まってきます。そのため、文章を読む力が漢字の読みの力につながってきます。

ワークの左端には、□に入る漢字をヒントとして載せています。はじめはヒントの部分を折って、見ないで書かせましょう。また、漢字が苦手な子にはヒントを見せて選んで書く練習をするなど、子どものつまずきに合わせて使い分けてください。

漢字パーツ　6年生

亻	ぎょうにんべん
阝	こざとへん
丬	しょうへん
扌	てへん
月	にくづき
衤	ころもへん
禾	のぎへん
米	こめへん
金	かねへん
乚	おつ
几	つくえ
卩	ふしづくり
刂	りっとう
幺	いとがしら
阝	おおざと
己	おのれ
寸	すん
尢	だいのまげあし
巾	はば
欠	あくび
攵	のぶん・ぼくにょう
殳	るまた
𤴔	ひき
豕	いのこ・ぶた
隹	ふるとり
頁	おおがい
𠆢	ひとやね
罒	あみがしら
耂	おいかんむり
穴	あなかんむり
⺮	たけかんむり
勹	つつみがまえ
戈	ほこがまえ
厂	がんだれ
尸	しかばね
广	まだれ
疒	やまいだれ
廴	えんにょう
辶	しんにょう

1 学期

月　日

たずね合って考えよう／さなぎたちの教室①

1 かくれたパーツをさがせ　1

名前

かくれたパーツをさがして、完成させよう。

①	②	③	④	⑤	⑥
□間（カン）	筋（すじ）	□忩（まど）	木□（マイ）	□亘（セン）	□力（おさな（い））
□《かんたん》な□《ぶんしょう》。	□《すじみち》の□《た》った□《はなし》。	□《しゃくしょ》の□《まどぐち》。	□《にまい》の□《しゃしん》。	□《へいわ》の□《せんげん》。	□《おさな》い□《おとうと》。

東書6年①

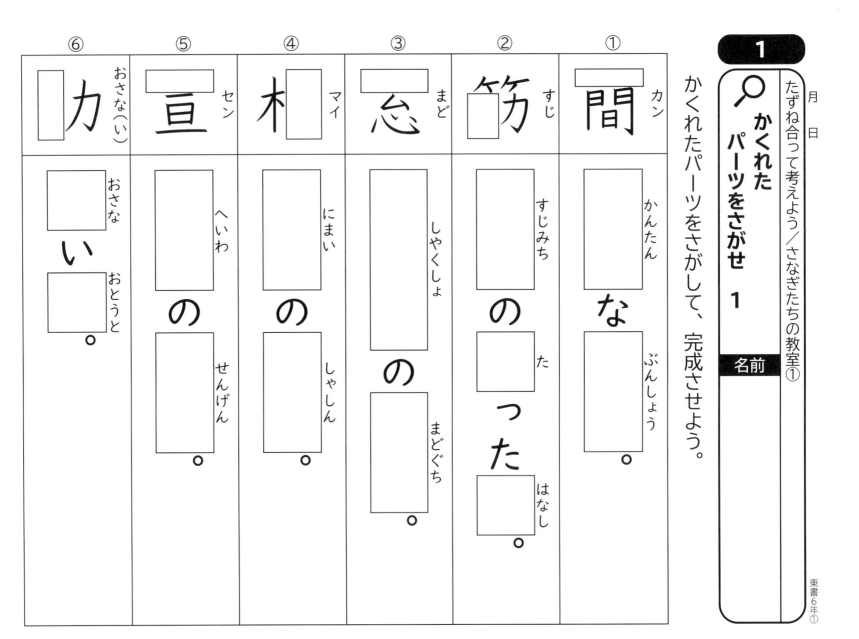

月　日

さなぎたちの教室②

かくれたパーツをさがせ　2

名前

かくれたパーツをさがして、完成させよう。

①

カク

□《せいじ》の□《かいかく》。

②

うら

□《ふく》の□《うらおもて》。

③

なら(べる)

□《なら》べ□《かた》を□《かんが》える。

④

シ

□《してん》を□《か》える。

⑤

ツウ

□《ずつう》の□《くすり》。

⑥

うやま(う)

□《せんせい》を□《うやま》う。

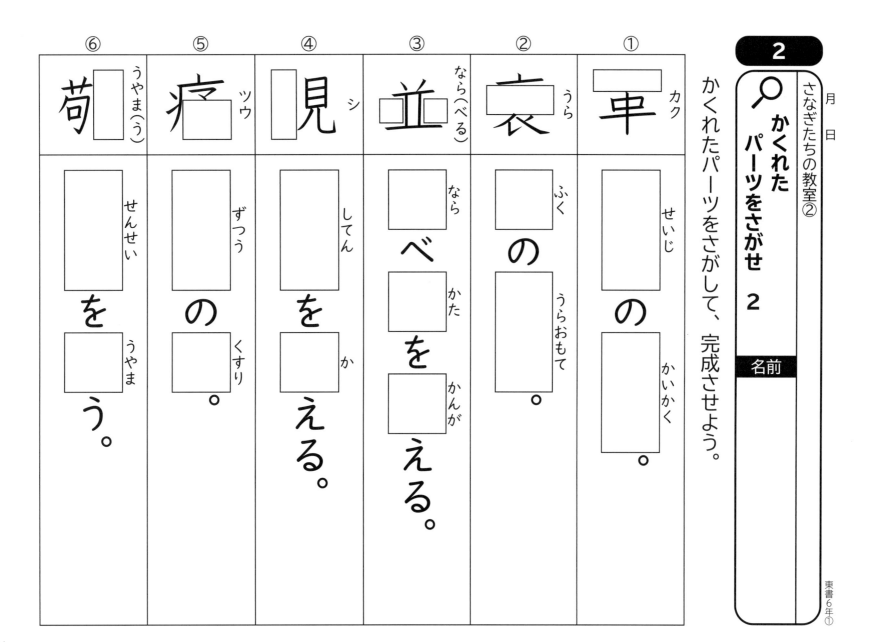

月　日

さなぎたちの教室③

3

かくれたパーツをさがせ　3

名前

かくれたパーツをさがして、完成させよう。

① 商□（テキ）
□《むてき》の□《せんしゅ》。

② □夅（お(りる)）
□《えき》で□《お》りる。

③ 次／□（シ）
□《しせい》が□《わる》い。

④ □匈（むね）
□《むね》が□《あつ》くなる。

⑤ □及（す(う)）
□《いき》を□《す》う。

⑥ □乎（コ）
□《てんこ》をとる。

東書6年①

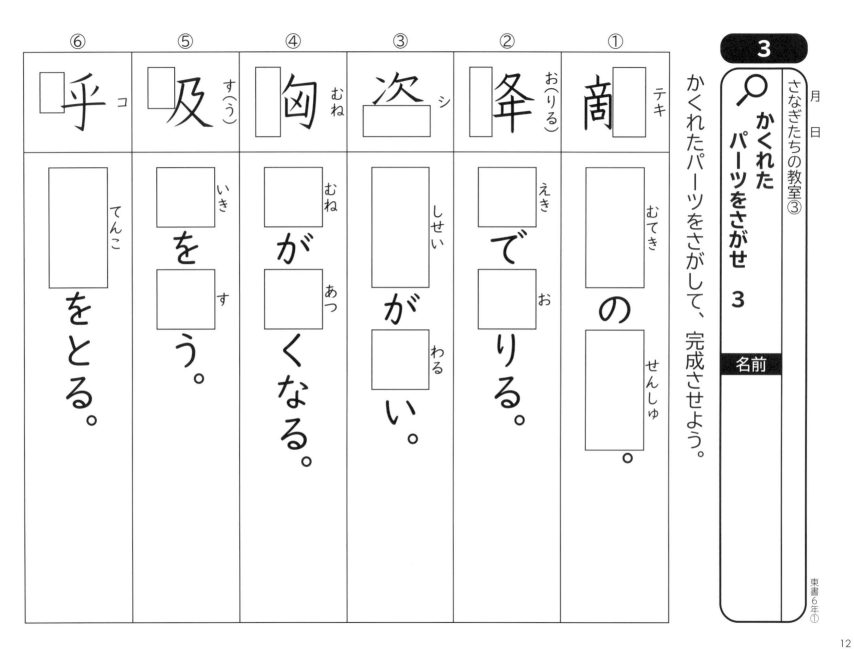

月　日

さなぎたちの教室④／漢字を使おう 1①

4

かくれたパーツをさがせ 4

名前

かくれたパーツをさがして、完成させよう。

① 亡□ わす(れる)
□《しゅくだい》を□《わす》れる。

② 門□ し(める)
□《と》を□《し》める。

③ 良□ ロウ
□《ものがたり》の□《ろうどく》。

④ 倉□ つく(る)
□《ぶんか》を□《つく》る。

⑤ □甫 ホ
□《ほきょう》の□《こうじ》。

⑥ □手 おが(む)
□《あさひ》を□《おが》む。

東書6年①

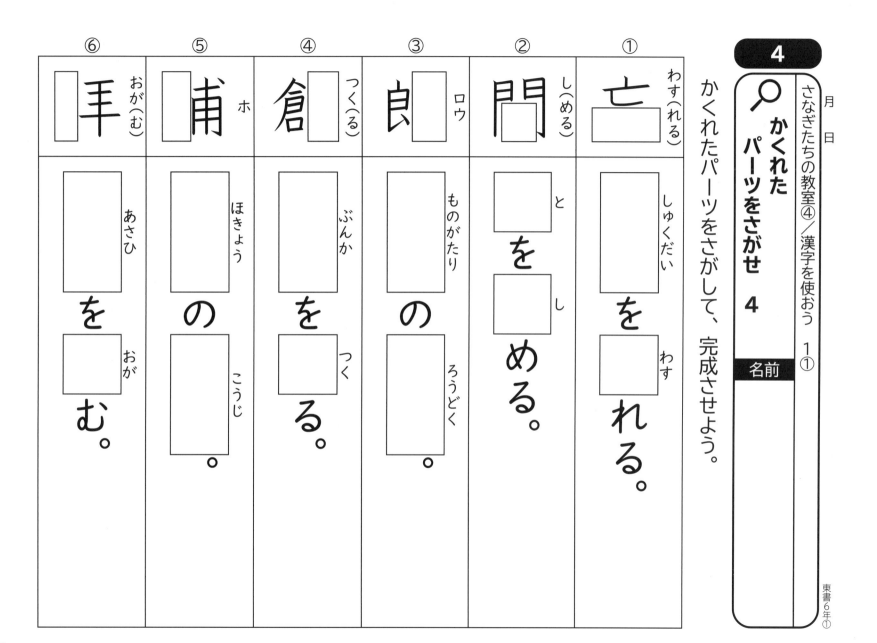

月　日

漢字を使おう　1②

かくれたパーツをさがせ　5

名前

かくれたパーツをさがして、完成させよう。

①　垂□《ユウ》
□《ゆうびん》□《ばんごう》

②　京□《シュウ》
□《しゅうしょく》が□《き》まる。

③　□二《ジン》
□《じんあい》の□《こころ》。

④　□表《たわら》
□《こめだわら》を□《はこ》ぶ。

⑤　□工《コウ》
□《こうちゃ》の□《さんち》。

⑥　□宿《ちぢ(む)》
□《ようふく》が□《ちぢ》む。

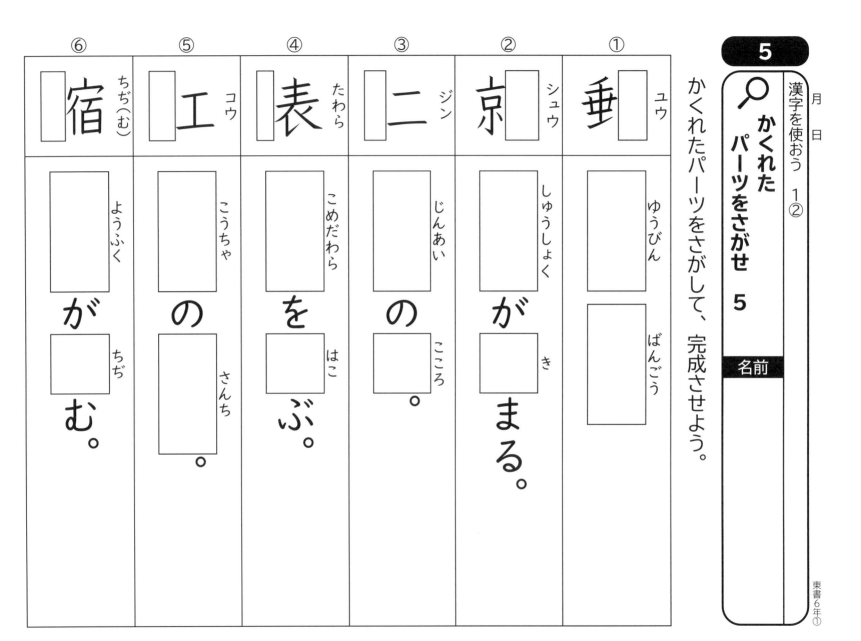

月　日

6 かくれたパーツをさがせ 6

漢字を使おう 1③／社会教育施設へ行こう①

名前

かくれたパーツをさがして、完成させよう。

① 尸□《シャク》

□《しゃくはち》の□《ねいろ》。

② 王刂□《ハン》

□《かくはん》の□《はんちょう》。

③ 土□戈《イキ》

□《ちいき》や□《しゃかい》。

④ 屁□《テン》

□《てんじ》の□《ないよう》。

⑤ 組□《キョウ》

□《りょうしん》の□《こきょう》。

⑥ □央《エイ・うつ(す)》

□《えいが》を□《うつ》す。

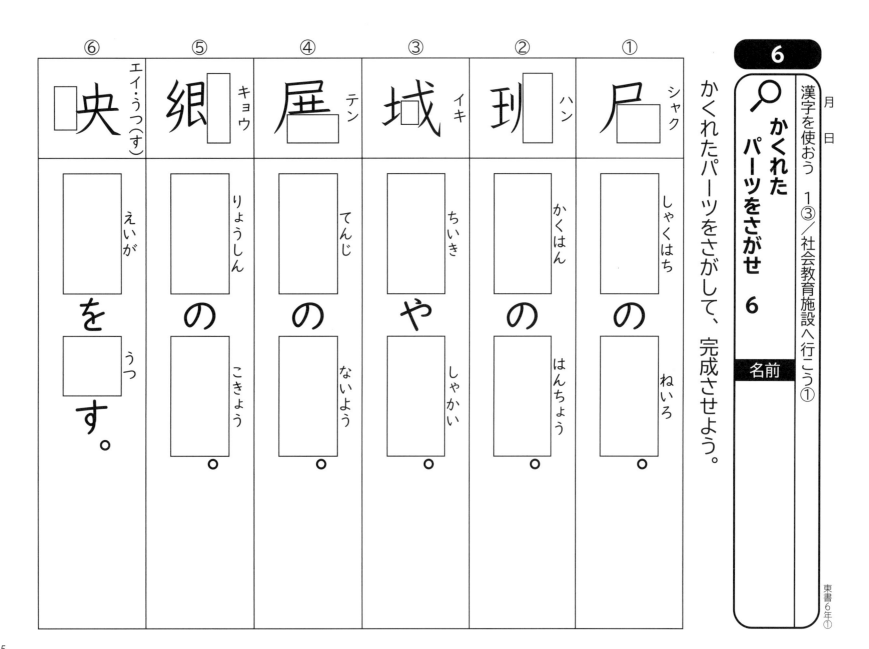

月　日

社会教育施設へ行こう②～三字以上のじゅく語の構成①

7

かくれたパーツをさがせ　7

名前

かくれたパーツをさがして、完成させよう。

① 臣⺈□《ラン》
□《しりょう》の□《かいらん》。

② 田□八《イ》
□《とくい》な□《さいのう》。

③ 享□灬《ジュク》
□《き》の□《み》が□《じゅく》す。

④ 亻壬□《チン》
□《でんしゃ》の□《うんちん》。

⑤ 明□《メイ》
□《じょうやく》に□《かめい》する。

⑥ 敬□《ケイ》
□《たてもの》の□《けいび》。

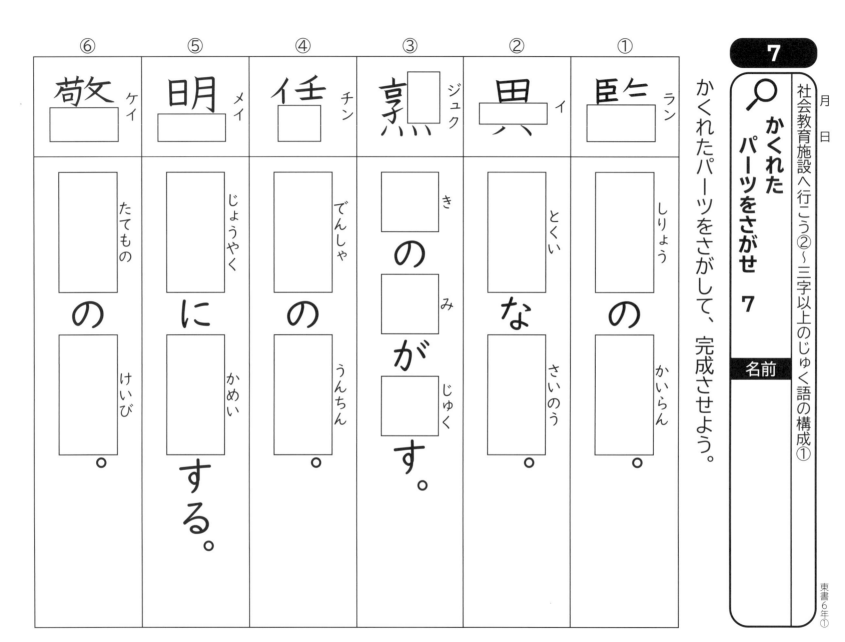

三字以上の熟語の構成②

月　日

かくれたパーツをさがせ　8

名前

かくれたパーツをさがして、完成させよう。

① □者《ショ》　□《しょめい》を□《あつ》める。

② 天□《サン》　□《ようさん》□《のうか》

③ 善□《ゼン》　□《ぜんあく》を□《かんが》える。

④ 臣□《リン》　□《りんじ》□《ていしゃ》する。

⑤ □于《ウ》　□《うちゅう》□《ひこうし》

⑥ □由《チュウ》　三回□《ちゅうがえ》り

東書6年①

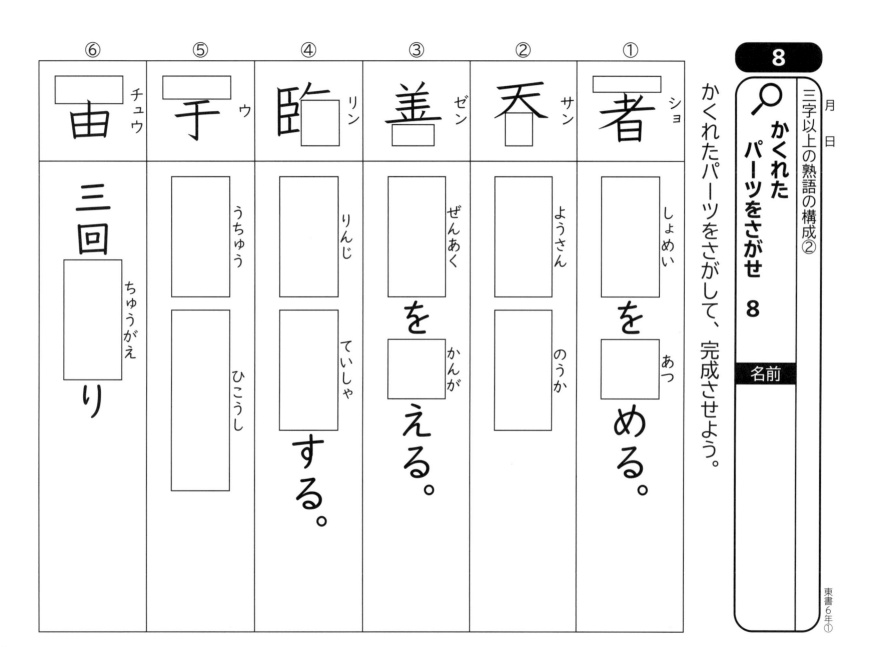

月　日

9 かくれたパーツをさがせ 9

三字以上の熟語の構成③／イースター島にはなぜ森林がないのか①

名前

かくれたパーツをさがして、完成させよう。

① 谷□《ヨク》
□《しょくよく》の□《あき》。

② 㱿□《コク》
□《そうこ》にある□《こくもつ》。

③ 遺□《イ》
□《せかい》□《いさん》

④ 乳□《ニュウ》
□《にゅうじ》の□《たいじゅう》。

⑤ 樹□《ジュ》
□《ねったい》の□《じゅりん》。

⑥ 蔵□《ゾウ》
お□《じぞうさま》

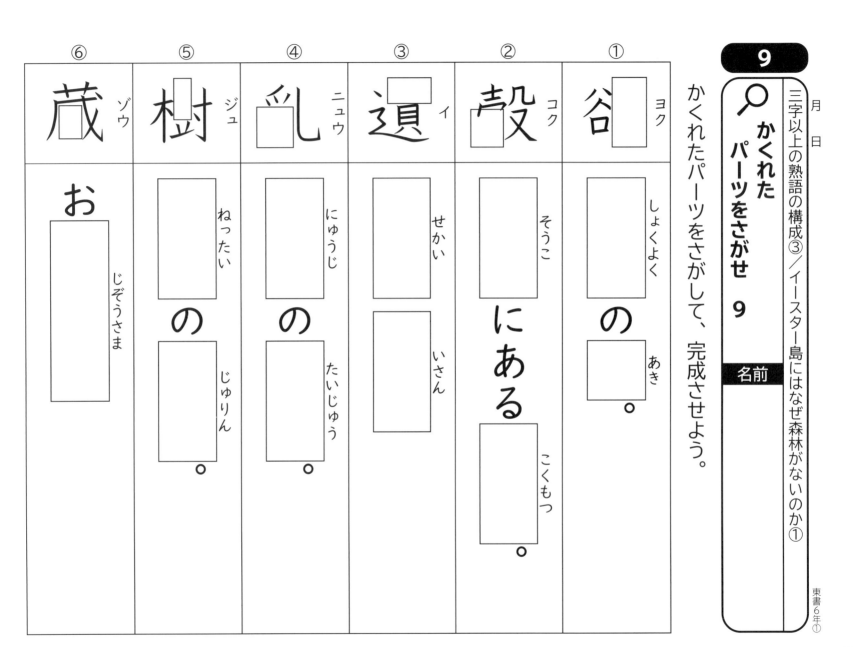

月　日

イースター島にはなぜ森林がないのか②

10

かくれたパーツをさがせ 10

名前

かくれたパーツをさがして、完成させよう。

① 示（シュウ）　□《せかい》の□《しゅうきょう》。

② 亥（きざ(む)）　□《こころ》に□《きざ》む。

③ 心（オン）　□《いのち》の□《おんじん》。

④ 隹（スイ）　□《はんにん》を□《すいり》する。

⑤ 在（ソン）　□《にんげん》の□《そんざい》。

⑥ 暮（く(らす)）　□《むかし》の□《く》らし。

東書6年①

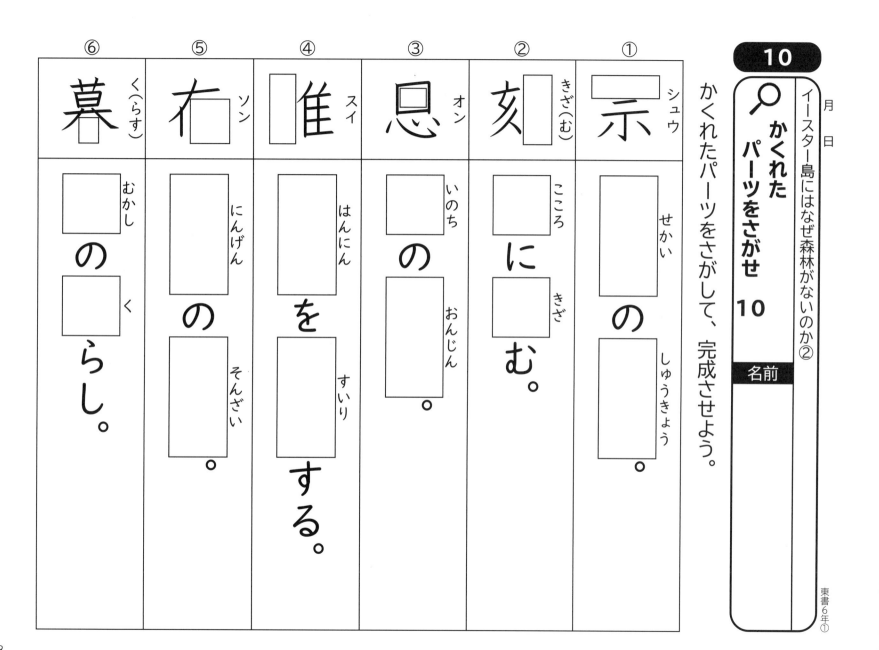

月　日

イースター島にはなぜ森林がないのか③

11

かくれたパーツをさがせ　11

名前

かくれたパーツをさがして、完成させよう。

①　□共　そな（える）

□《はか》に□《はな》を□《そな》える。

②　糸□　ケイ

□《ぎんがけい》の□《ほし》。

③　□呉　ゴ

□《ごじ》を□《み》つける。

④　亻□　きず

□《きず》の□《てあ》て。

⑤　厳□　きび（しい）

□《きび》しい□《しぜん》。

⑥　言□　ロン

□《けつろん》を□《だ》す。

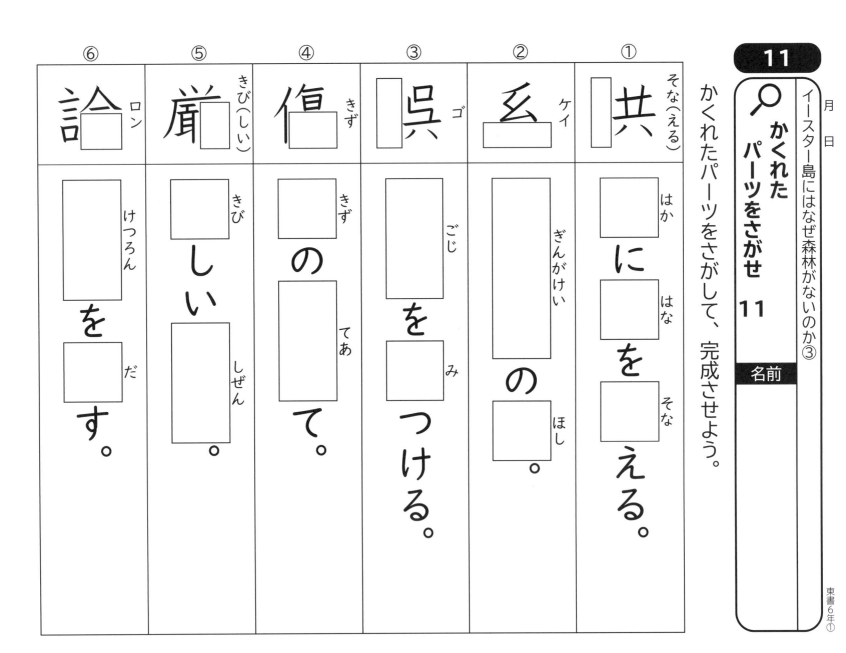

月　日

イースター島《じま》にはなぜ森林がないのか④／漢字を使おう　2①

12

かくれたパーツをさがせ　12

名前

かくれたパーツをさがして、完成させよう。

① □□《ダン》

□《ぶんしょう》の□《だんらく》。

② 田□《イ》

□《いぐすり》を□《の》む。

③ □昜《チョウ》

□《だいちょう》が□《わる》い。

④ □市《ハイ》

□《はい》の□《びょうき》。

⑤ □□《ノウ》

□《のうは》を□《しら》べる。

⑥ □蔵《ゾウ》

□《しんぞう》と□《けつえき》。

東書6年①

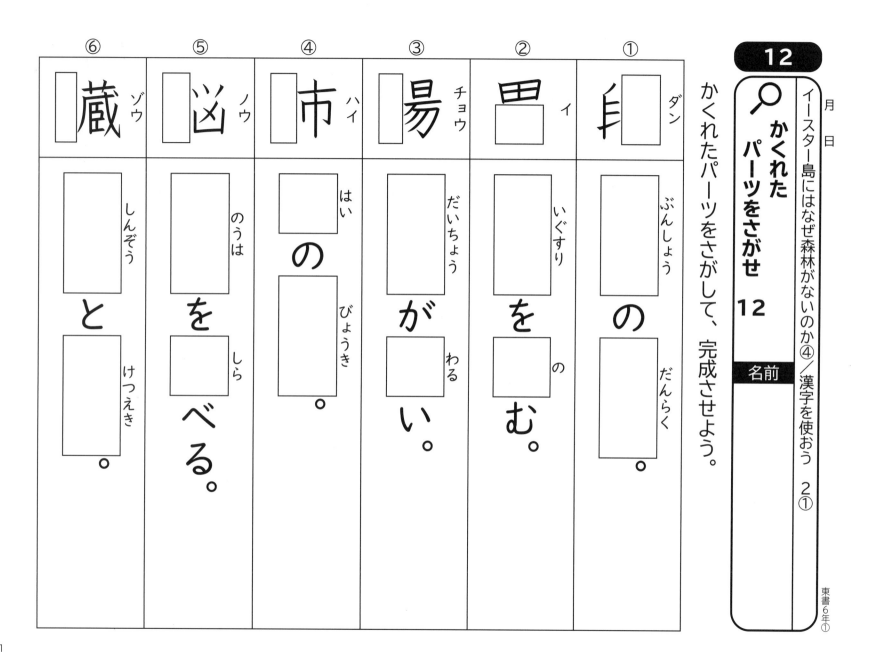

かくれたパーツをさがせ 13

漢字を使おう 2②／いざというときのために／文と文とのつながり①

月　日

名前

かくれたパーツをさがして、完成させよう。

① 千□《した》

□《した》を□《だ》す。

② □ム《シ》

□《しご》を□《きん》じる。

③ 厃□《キ》

□《きけん》な□《どうぶつ》。

④ □朿《サク》

□《あたら》しい□《かいけつさく》。

⑤ 卯□《たまご》

ゆで□《たまご》を□《た》べる。

⑥ 害□《わり》

□《しぜん》の□《やくわり》。

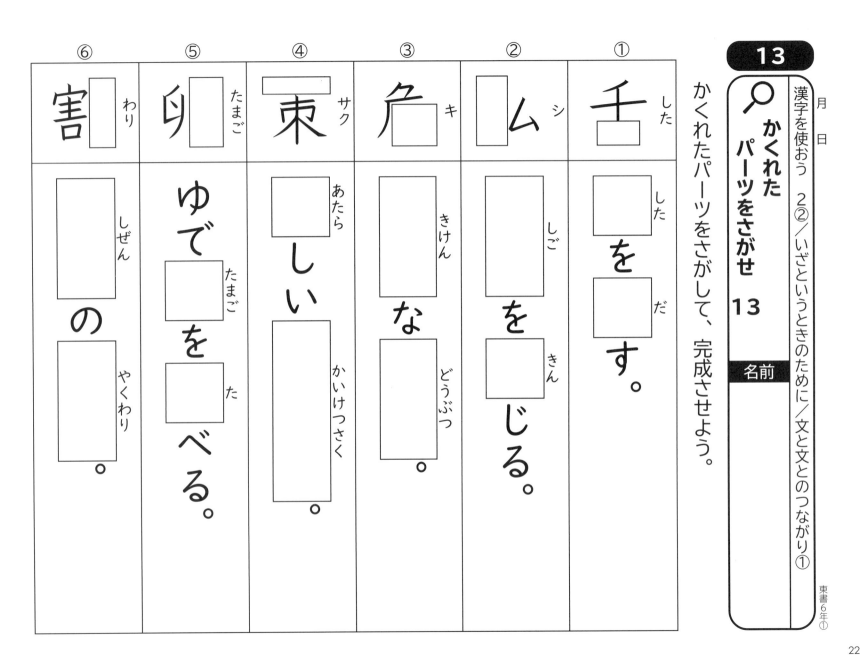

14

月　日

文と文とのつながり②／漢文に親しもう

かくれたパーツをさがせ 14

名前

かくれたパーツをさがして、完成させよう。

①
□先《セン》
□《せいけつ》な□《せんめんじょ》。

②
□几《つくえ》
□《きょうしつ》の□《つくえ》。

③
設□《タン》
□《いもうと》の□《たんじょうび》。

④
□少《すな》
□《すなば》で□《あそ》ぶ。

⑤
□唐《トウ》
□《とうぶん》と□《えんぶん》。

⑥
□爰《あたた(かい)》
□《あたた》かい□《きせつ》。

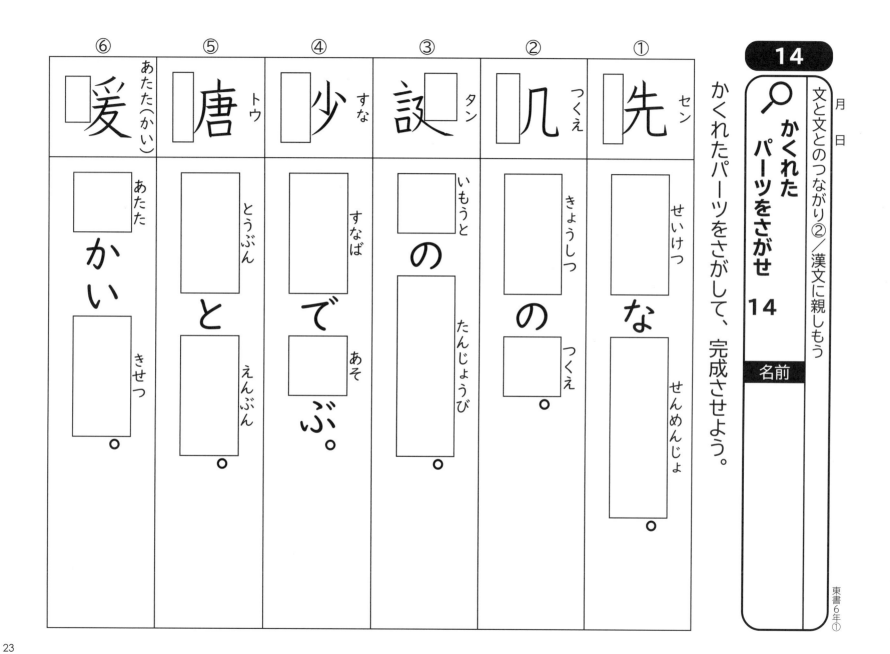

月　日

風切るつばさ

かくれたパーツをさがせ 15

15

名前

かくれたパーツをさがして、完成させよう。

⑤	④	③	②	①
片《かた》	背《ハイ》	訳《ヤク》	巻《カン》	若《わか(い)》
□《かたがわ》を□《つうこう》する。	□《しゃしん》の□《はいけい》。	□《えいご》の□《つうやく》。	□《かんまつ》の□《ふろく》。	□《のうか》の□《わかもの》。

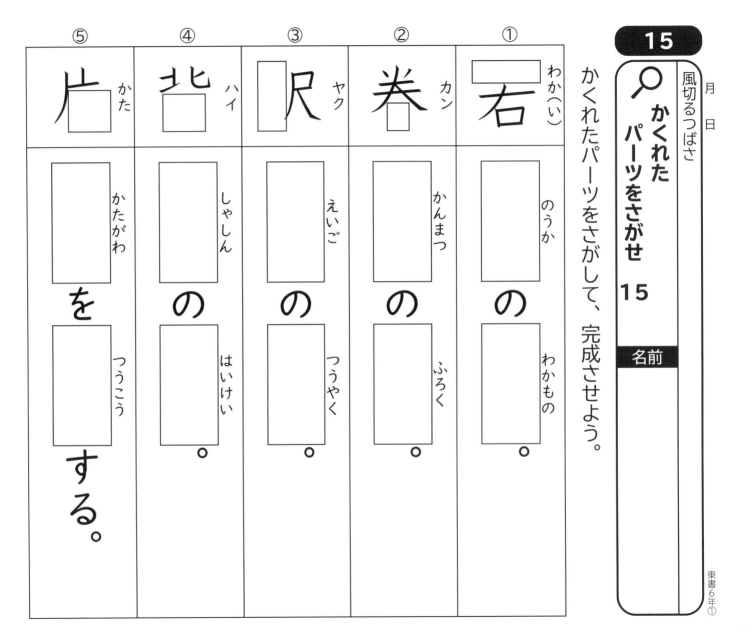

16

かくれたパーツをさがせ 16

漢字を使おう 3

月　日

名前

かくれたパーツをさがして、完成させよう。

① 夂□《ショ》

□《おうきゅう》□《しょち》

② □志《シ》

□《ざっし》の□《ひょうし》。

③ □司《シ》

□《さくし》と□《さっきょく》。

④ □成《セイ》

□《せいしん》□《せいい》

⑤ 中□《チュウ》

□《とも》からの□《ちゅうこく》。

⑥ □乚《ボウ》

□《こうぼう》の□《れきし》。

東書6年①

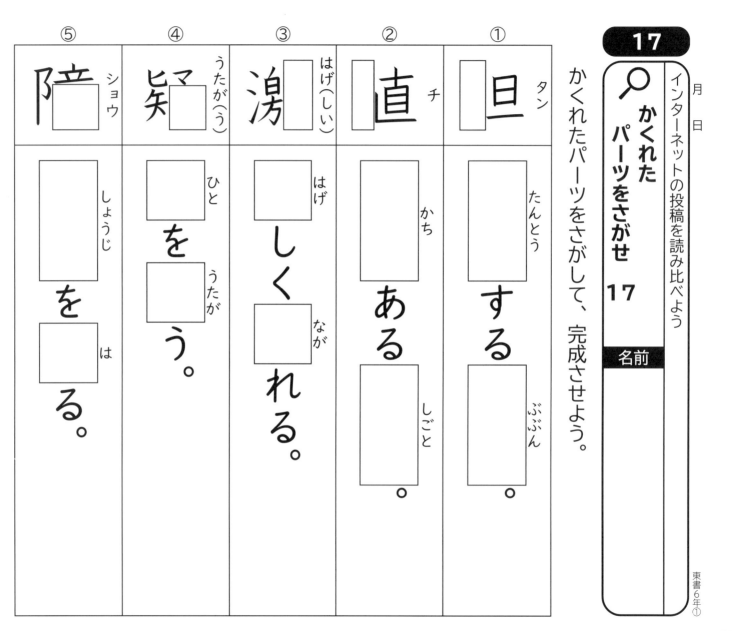

月　日

インターネットの投稿を読み比べよう

17 かくれたパーツをさがせ 17

名前

かくれたパーツをさがして、完成させよう。

①
□旦（タン）
□《たんとう》する□《ぶぶん》。

②
□直（チ）
□《かち》ある□《しごと》。

③
□（はげ(しい)）
□《はげ》しく□《なが》れる。

④
□（うたが(う)）
□《ひと》を□《うたが》う。

⑤
□（ショウ）
□《しょうじ》を□《は》る。

東書6年①

月　日

18 漢字足し算 1

たずね合って考えよう／さなぎたちの教室①

名前

漢字の足し算をしよう。

＊答えの漢字でことばを作ろう。

① ⺮ ＋ 門 ＋ 日 ＝ □ → □

② ⺮ ＋ 月 ＋ 力 ＝ □ → □

③ 穴 ＋ 厶 ＋ 心 ＝ □ → □

④ 木 ＋ 文 ＝ □ → □

⑤ 宀 ＋ 一 ＋ 日 ＋ 一 ＝ □ → □

⑥ 幺 ＋ 力 ＝ □ → □

⑦ 卄 ＋ 口 ＋ 十 ＝ □ → □

⑧ 亠 ＋ 里 ＋ 𧘇 ＝ □ → □

漢字足し算 2

さなぎたちの教室②

月　日

名前

漢字の足し算をしよう。

① 丷 ＋ 一 ＋ 业 ＝ □ ↓ ↓ ↓ □

② 礻 ＋ 目 ＋ 儿 ＝ □ ↓ ↓ ↓ □

③ 疒 ＋ マ ＋ 用 ＝ □ ↓ ↓ ↓ □

④ 艹 ＋ 句 ＋ 攵 ＝ □ ↓ ↓ ↓ □

⑤ 亠冂 ＋ 古 ＋ 攵 ＝ □ ↓ ↓ ↓ □

⑥ 阝 ＋ 夂 ＋ 㐄 ＝ □ ↓ ↓ ↓ □

⑦ 冫 ＋ 欠 ＋ 女 ＝ □ ↓ ↓ ↓ □

⑧ 月 ＋ 勹 ＋ メ ＋ 凵 ＝ □ ↓ □

＊答えの漢字でことばを作ろう。

漢字足し算　3

さなぎたちの教室③／漢字を使おう　1①

月　日

名前

漢字の足し算をしよう。

＊答えの漢字でことばを作ろう。

① 口＋乃＋丶＝□↓↓↓□
② 口＋丿＋半＝□↓↓↓□
③ 亠＋心＝□↓↓↓↓□
④ 門＋才＝□↓↓↓↓□
⑤ 良＋月＝□↓↓↓↓□
⑥ 𠂉＋戸＋口＋刂＝□↓□
⑦ 衤＋⺼＋卜＝□↓↓↓□
⑧ 扌＋三＋丨＝□↓↓↓□

21

月　日

漢字を使おう　1②

＋漢字足し算　4

名前

漢字の足し算をしよう。

＊答えの漢字でことばを作ろう。

① 缶＋⊥＋卩＝□→→→□

② 京＋九＋、＝□→→→□

③ 亻＋二＝□→→→→□

④ 亻＋圭＋㐅＝□→→→□

⑤ 糸＋工＝□→→→→□

⑥ 糸＋宀＋亻＋百＝□→□

⑦ 尸＋㇏＝□→→→→□

⑧ 王＋リ＋王＝□→→→□

東書6年②

月　日

社会教育施設へ行こう／意見を聞いて考えよう

22

＋漢字足し算　5

名前

東書6年②

漢字の足し算をしよう。

＊答えの漢字でことばを作ろう。

① 土 ＋ 亘 ＋ 戈 ＝

② 尸 ＋ 卄 ＋ 𧘇 ＝

③ 乡 ＋ 艮 ＋ 阝 ＝

④ 日 ＋ 口 ＋ 人 ＝

⑤ 臣 ＋ 𠂉 ＋ 見 ＝

⑥ 田 ＋ 卄 ＋ 八 ＝

23

月　日

三字以上のじゅく語の構成①

＋漢字足し算　6

名前

漢字の足し算をしよう。

＊答えの漢字でことばを作ろう。

① 古＋子＋丸＋灬＝□→□

② 亻＋壬＋貝＝□→→→□

③ 日＋月＋皿＝□→→→□

④ 艹＋句＋攵＋言＝□→□

⑤ 罒＋耂＋目＝□→→→□

⑥ 天＋中＋冖＝□→→→□

⑦ 羊＋䒑＋口＝□→→→□

⑧ 臣＋𠂉＋品＝□→→→□

東書6年②

月　日

三字以上の熟語の構成②／イースター島にはなぜ森林がないのか①

漢字足し算 7

名前

漢字の足し算をしよう。

＊答えの漢字でことばを作ろう。

① 宀 ＋ 二 ＋ 亅 ＝ □ ↓ ↓ ↓ □

② 宀 ＋ 由 ＝ □ ↓ ↓ ↓ ↓ ↓ □

③ 父 ＋ 口 ＋ 欠 ＝ □ ↓ ↓ ↓ □

④ 士 ＋ 冖 ＋ 禾 ＋ 殳 ＝ □ ↓ □

⑤ 虫 ＋ 貝 ＋ 辶 ＝ □ ↓ ↓ ↓ □

⑥ 爫 ＋ 子 ＋ 乚 ＝ □ ↓ ↓ ↓ □

⑦ 木 ＋ 吉 ＋ 丷 ＋ 寸 ＝ □ ↓ □

⑧ 艹 ＋ 厂 ＋ 臣 ＋ 戈 ＝ □ ↓ □

漢字足し算　8

イースター島にはなぜ森林がないのか②

月　日

名前

漢字の足し算をしよう。

①　宀＋二＋小＝□↓↓↓□

②　亠＋夊＋刂＝□↓↓↓□

③　冂＋大＋一＋心＝□↓□

④　扌＋隹＝□↓↓↓↓↓□

⑤　ナ＋丨＋子＝□↓↓↓□

⑥　艹＋日＋六＋日＝□↓□

⑦　亻＋廿＋八＝□↓↓↓□

⑧　一＋幺＋小＝□↓↓↓□

＊答えの漢字で
ことばを作ろう。

東書6年②

月　日

26

＋漢字足し算　9

イースター島にはなぜ森林がないのか③／漢字を使おう　2①

名前

漢字の足し算をしよう。

＊答えの漢字でことばを作ろう。

① 言＋口＋厶＋八＝□→□

② 亻＋𠂉＋日＋勿＝□→□

③ ⺍＋厂＋耳＋攵＝□→□

④ 言＋人＋一＋冊＝□→□

⑤ 𠂤＋几＋又＝□→□

⑥ 田＋月＝□→□

⑦ 月＋日＋勿＝□→□

⑧ 月＋亠＋巾＝□→□

東書6年②

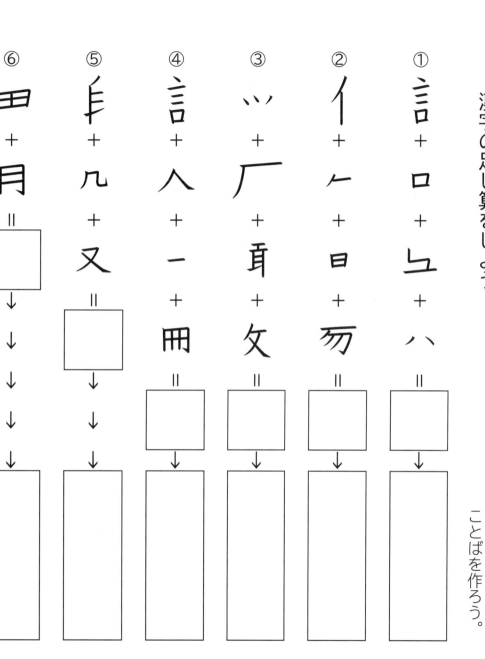

27

月　日

漢字を使おう　2②／いざというときのために

＋漢字足し算　10

名前

漢字の足し算をしよう。

＊答えの漢字でことばを作ろう。

① 月＋⺍＋メ＋凵＝□→□

② 月＋⺾＋𠂆＋戈＝□→□

③ 千＋口＝□→→→→→□

④ 禾＋ム＝□→→→→→□

⑤ ⺈＋厂＋巳＝□→→→□

⑥ ⺮＋⺲＋木＝□→→→□

28

文と文とのつながり／漢文に親しもう

月　日

漢字足し算 11

名前

漢字の足し算をしよう。

＊答えの漢字でことばを作ろう。

① 身＋冃＝□→→→→→[　]

② 宀＋圭＋口＋刂＝□→[　]

③ 氵＋生＋儿＝□→→→→[　]

④ 木＋几＝□→→→→→[　]

⑤ 言＋丿＋止＋又＝□→[　]

⑥ 石＋小＋ノ＝□→→→→[　]

⑦ 米＋广＋由＋口＝□→[　]

⑧ 日＋⺍＋一＋友＝□→[　]

東書6年②

月　日

風切るつばさ／漢字を使おう 3①

漢字足し算 12

名前

漢字の足し算をしよう。

＊答えの漢字でことばを作ろう。

① 艹 ＋ ナ ＋ 口 ＝ □

② 丷 ＋ 人 ＋ 己 ＝ □

③ 言 ＋ 尸 ＋ 丶 ＝ □

④ 北 ＋ 月 ＝ □

⑤ ノ ＋ 丄 ＋ ㇆ ＝ □

⑥ 夂 ＋ 几 ＝ □

⑦ 言 ＋ 士 ＋ 心 ＝ □

⑧ 言 ＋ ㇆ ＋ 一 ＋ 口 ＝ □

東書6年②

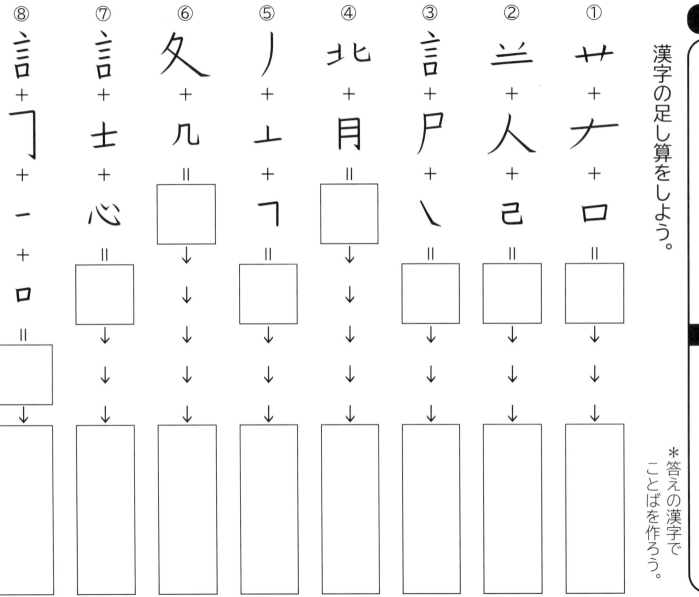

漢字足し算 13

名前

漢字の足し算をしよう。

＊答えの漢字でことばを作ろう。

① 言＋斤＋戈＝□ ↓ ↓ ↓ □

② 中＋心＝□ ↓ ↓ ↓ ↓ □

③ 亠＋乚＝□ ↓ ↓ ↓ ↓ □

④ 扌＋日＋一＝□ ↓ ↓ ↓ □

⑤ 亻＋直＋乚＝□ ↓ ↓ ↓ □

⑥ 氵＋白＋方＋攵＝□ ↓ □

⑦ ヒ＋矢＋マ＋疋＝□ ↓ □

⑧ 阝＋立＋早＝□ ↓ ↓ ↓ □

月　日

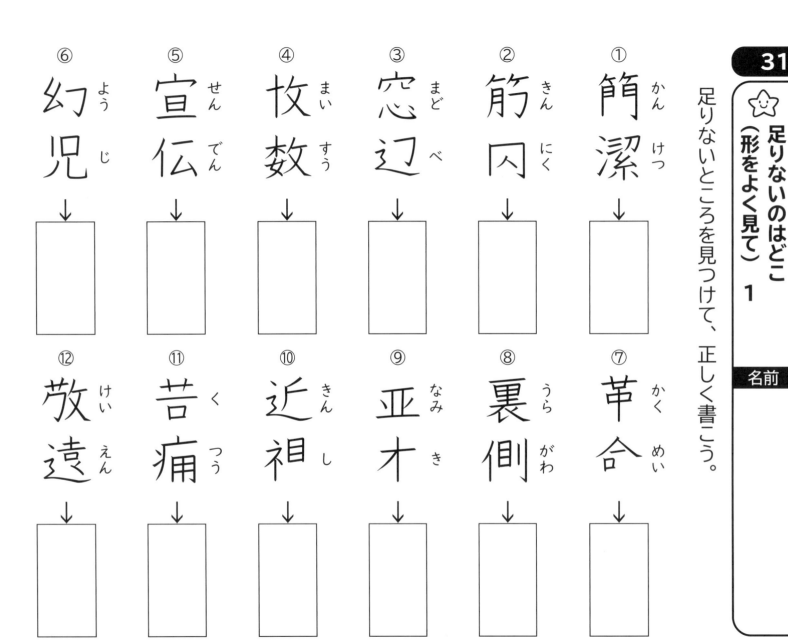

足りないのはどこ（形をよく見て）１

名前

足りないところを見つけて、正しく書こう。

① 簡《かん》潔《けつ》 → □

② 筋《きん》肉《にく》 → □

③ 窓《まど》辺《べ》 → □

④ 枚《まい》数《すう》 → □

⑤ 宣《せん》伝《でん》 → □

⑥ 幼《よう》児《じ》 → □

⑦ 革《かく》命《めい》 → □

⑧ 裏《うら》側《がわ》 → □

⑨ 並《なみ》木《き》 → □

⑩ 近《きん》視《し》 → □

⑪ 苦《く》痛《つう》 → □

⑫ 敬《けい》遠《えん》 → □

月　日

さなぎたちの教室②／漢字を使おう 1①

☆足りないのはどこ（形をよく見て） 2

名前

足りないところを見つけて、正しく書こう。

① 大《てん》敵《てき》 ↓ □

② 降《こう》矣《さん》 ↓ □

③ 晴《は》れ姿《すがた》 ↓ □

④ 度《ど》胊《きょう》 ↓ □

⑤ 吁《こ》叺《きゅう》 ↓ □

⑥ 忘《わす》れ物《もの》 ↓ □

⑦ 門《へい》店《てん》 ↓ □

⑧ 朗《ろう》読《どく》 ↓ □

⑨ 創《そう》造《ぞう》 ↓ □

⑩ 補《ほ》給《きゅう》 ↓ □

⑪ 矣《さん》扞《ぱい》 ↓ □

⑫ 郵《ゆう》迗《そう》 ↓ □

月　日

33

漢字を使おう　1②／社会教育施設へ行こう／意見を聞いて考えよう

足りないのはどこ（形をよく見て）3

名前

足りないところを見つけて、正しく書こう。

① 就《しゅう》職《しょく》 → □

② 仁《じん》愛《あい》 → □

③ 半《こめ》俵《だわら》 → □

④ 紅《こう》葉《よう》 → □

⑤ 縮《しゅく》尸《しゃく》 → □

⑥ 班《はん》長《ちょう》 → □

⑦ 流《りゅう》域《いき》 → □

⑧ 発《はっ》展《てん》 → □

⑨ 郷《きょう》里《り》 → □

⑩ 映《えい》像《ぞう》 → □

⑪ 観《かん》覧《らん》車《しゃ》 → □

⑫ 異《い》性《せい》 → □

月　日

三字以上のじゅくごの構成／イースター島にはなぜ森林がないのか①

34

足りないのはどこ（形をよく見て）4

名前

足りないところを見つけて、正しく書こう。

① 熟《じゅく》語《ご》 ↓ □

② 家《や》賃《ちん》 ↓ □

③ 同《どう》盟《めい》 ↓ □

④ 警《けい》察《さつ》 ↓ □

⑤ 署《しょ》長《ちょう》 ↓ □

⑥ 養《よう》蚕《さん》 ↓ □

⑦ 改《かい》善《ぜん》 ↓ □

⑧ 臨《りん》時《じ》 ↓ □

⑨ 宇《う》宙《ちゅう》 ↓ □

⑩ 意《い》欲《よく》 ↓ □

⑪ 穀《こく》物《もつ》 ↓ □

⑫ 遺《い》書《しょ》 ↓ □

東書6年③

月　日

イースター島にはなぜ森林がないのか②

足りないのはどこ（形をよく見て）5

名前

足りないところを見つけて、正しく書こう。

① 牛《ぎゅう》孔《にゅう》 → □

② 樹《じゅ》木《もく》 → □

③ 令《れい》蔵《ぞう》車《こ》 → □

④ 宗《しゅう》教《きょう》 → □

⑤ 深《しん》刻《こく》 → □

⑥ 恩《おん》近《がえ》し → □

⑦ 推《すい》理《り》 → □

⑧ 存《そん》在《ざい》 → □

⑨ ク《ゆう》暮《ぐ》れ → □

⑩ 提《てい》供《きょう》 → □

⑪ 糸《けい》図《ず》 → □

⑫ 誤《ご》解《かい》 → □

東書6年③

36

月　日

イースター島にはなぜ森林がないのか③～いざというときのために

足りないのはどこ（形をよく見て）6

名前

東書6年③

足りないところを見つけて、正しく書こう。

① 負《ふ》傷《しょう》 → ［　］

② 厳《げん》禁《きん》 → ［　］

③ 口《こう》論《ろん》 → ［　］

④ 階《かい》段《だん》 → ［　］

⑤ 胃《い》腸《ちょう》 → ［　］

⑥ 心《しん》肺《ぱい》 → ［　］

⑦ 頭《ず》脳《のう》 → ［　］

⑧ 臓《ぞう》器《き》 → ［　］

⑨ ねこ舌《じた》 → ［　］

⑩ 私《し》服《ふく》 → ［　］

⑪ 危《あぶ》ない → ［　］

⑫ 対《たい》策《さく》 → ［　］

月　日

文と文とのつながり／漢文に親しもう／風切るつばさ

37 足りないのはどこ（形をよく見て）7

名前

東書6年③

足りないところを見つけて、正しく書こう。

① 主《なま》卯《たまご》 ↓ □

② 時《じ》問《かん》割《わり》 ↓ □

③ 先《せん》車《しゃ》 ↓ □

④ 長《なが》机《づくえ》 ↓ □

⑤ 証《たん》主《じょう》 ↓ □

⑥ 砂《さ》糖《とう》 ↓ □

⑦ 寒《かん》暖《だん》 ↓ □

⑧ 苦《わか》葉《ば》 ↓ □

⑨ 巻《かん》木《まつ》 ↓ □

⑩ 週《つう》訳《やく》 ↓ □

⑪ 肯《はい》後《ご》 ↓ □

⑫ 片《かた》道《みち》 ↓ □

月　日

漢字を使おう　3／インターネットの投稿を読み比べよう

足りないのはどこ（形をよく見て）8

名前

足りないところを見つけて、正しく書こう。

① 処《しょ》理《り》

② 雑《ざっ》誌《し》

③ 歌《か》詞《し》

④ 誠《せい》実《じつ》

⑤ 忠《ちゅう》実《じつ》

⑥ 死《し》亡《ぼう》

⑦ 担《たん》任《にん》

⑧ 価《か》値《ち》

⑨ 感《かん》激《げき》

⑩ 疑《ぎ》問《もん》

⑪ 故《こ》障《しょう》

月　日

39 漢字を入れよう 1

たずね合って考えよう／さなぎたちの教室①

名前

文を読んで、ぴったりの漢字を入れよう。

①この料理は、とても□単に作れる。

②ジムのトレーニングで、□肉をきたえる。

③風が入るように、教室の□を開けた。

④お年玉にもらった、千円札の□数を数える。

⑤テレビで、新商品を□伝している。

⑥かぶと虫の□虫は、土の中にいる。

⑦新しい政府が、教育制度を改□する。

⑧このトランプを、二まい□返してください。

ヒント　枚　筋　宣　窓　革　簡　裏　幼

月　日

さなぎたちの教室②

漢字を入れよう　2

名前

文を読んで、ぴったりの漢字を入れよう。

①男女に分かれて、二列に□びましょう。

②左目をかくして、右目の□力を測る。

③虫歯が□いので、歯医者に行った。

④目上の人には、□語を使って話す。

⑤今度の相手は強□で、負けるかもしれない。

⑥今日は、午後から雨が□るでしょう。

⑦せ筋をのばして、□勢良くすわる。

⑧良い結果が出そうで、期待に□をふくらます。

ヒント　降　視　並　痛　敵　胸　姿　敬

東書6年④

月　日

さなぎたちの教室③／漢字を使おう　1①

漢字を入れよう　3

名前

文を読んで、ぴったりの漢字を入れよう。

①さわやかな朝、大きく息を□いこんだ。

②名前を□ばれた人は、前に来てください。

③宿題を□れていたので、大急ぎでやった。

④目の前で、エレベーターのドアが□まった。

⑤みんなの前で、作った詩を□読する。

⑥明日は、学校の□立記念日で休みだ。

⑦お茶を飲んで、水分を□給する。

⑧お正月に、家族で神社を参□する。

ヒント　吸　朗　忘　補　拝　創　呼　閉

月　日

漢字を使おう　1②

漢字を入れよう　4

名前

文を読んで、ぴったりの漢字を入れよう。

①はがきに、□便番号と住所を書く。

②大学を卒業して、会社に□職する。

③「医は□術なり。」という格言がある。

④力士は、土□の上ですもうをとる。

⑤母が、鏡を見ながら口□をぬる。

⑥服をあらったら、□んで小さくなった。

⑦まき□を使って、ろう下の長さを測る。

⑧グループごとに、□長を決める。

ヒント　仁　縮　班　紅　尺　就　郵　俵

43

月　日

社会教育施設へ行こう／意見を聞いて考えよう

漢字を入れよう 5

名前

文を読んで、ぴったりの漢字を入れよう。

① 今でも、戦争をしている国や地□がある。

② 村の歴史に関する資料が、□示されている。

③ 久しぶりに、父の故□をおとずれる。

④ 大人気のアニメが、□画化された。

⑤ 遊園地で、日本一大きな観□車に乗った。

⑥ 人それぞれに、□なる考えがある。

ヒント　映　覧　域　展　異　郷

月　日

三字以上のじゅく語の構成①

漢字を入れよう　6

名前

文を読んで、ぴったりの漢字を入れよう。

①完□のトマトを使って、イタリア料理を作る。

②バスの運□箱に、お金を入れる。

③世界中の多くの国が、国連に加□している。

④犯人を、□察官が取り囲んだ。

⑤消防□に、消防車と救急車が止まっている。

⑥きぬ糸は、□のまゆから糸をとる。

⑦物事の□悪を考えて、行動する。

⑧今日は花火大会のため、□時列車が出ます。

ヒント　警　蚕　署　賃　臨　盟　熟　善

東書6年④

45

月　日

漢字を入れよう 7

三字以上の熟語の構成②／イースター島にはなぜ森林がないのか①

名前

文を読んで、ぴったりの漢字を入れよう。

①日本のロケットが、□ちゅうへ飛び立つ。

②サーカスで、三回□返りをする。

③おいしそうなにおいに、食□がそそられる。

④米や麦などの、□物をたくさん食べる。

⑤この建物は、世界□産に登録されている。

⑥給食の時、毎日牛□を飲んでいる。

⑦大通りの街路□が、いっせいに色づいた。

⑧父が帰るまで、ケーキを冷□庫に入れておく。

ヒント　穀　遺　蔵　樹　宙　乳　宇　欲

46

月　日

イースター島にはなぜ森林がないのか②

漢字を入れよう 8

名前

文を読んで、ぴったりの漢字を入れよう。

①キリスト教などの、□教について学ぶ。

②大変なけがで、一□を争う事態だ。

③助けてもらって、かれは命の□人です。

④名たんていが、事件の犯人を□理する。

⑤いたみやすい食品は、冷蔵庫で保□する。

⑥冬は、早く日が□れて、もう真っ暗だ。

⑦祖父の墓に、お花を□えてお参りする。

⑧地球は、太陽□の三番目のわく星です。

ヒント　存　暮　恩　系　刻　宗　推　供

47

月　日

イースター島にはなぜ森林がないのか③／漢字を使おう　2①

漢字を入れよう　9

名前

文を読んで、ぴったりの漢字を入れよう。

①車の運転を□って、ぶつけてしまう。

②消毒薬で、□の手当てをする。

③この建物の中は、土足□禁です。

④いくら話し合っても、結□が出ない。

⑤火事のときには、非常階□を使う。

⑥ご飯を食べ過ぎて、□が苦しい。

⑦食べ物は、「い」から□へ運ばれる。

⑧大きく息を吸って、□活量を測る。

ヒント　論　段　胃　厳　誤　腸　肺　傷

漢字を入れよう　10

名前

文を読んで、ぴったりの漢字を入れよう。

①頭を打ったので、□波を調べてもらった。

②心□は、体中に血液を送るポンプです。

③スープが熱過ぎて、□をやけどした。

④家に帰って、制服から□服に着がえる。

⑤池や川など、□険な場所には近寄らない。

⑥学級全員で、このことの解決□を考える。

ヒント　危　舌　臓　策　脳　私

49

月　日

文と文とのつながり／漢文に親しもう

漢字を入れよう 11

名前

文を読んで、ぴったりの漢字を入れよう。

①オムレツを作るのに、□を二個使う。

②ガラスのコップを、落として□ってしまった。

③朝起きて、歯をみがいて、水で顔を□う。

④教室の□の上に、教科書を出す。

⑤母の□生日のお祝いに、ケーキを買う。

⑥妹は、公園の□場で遊ぶのが好きだ。

⑦あまいものを食べずに、□分をひかえる。

⑧今日は、春の日差しで、とても□かい。

ヒント　砂　暖　洗　机　割　誕　糖　卵

東書6年④

50

漢字を入れよう 12

風切るつばさ／漢字を使おう 3①

月　日

名前

文を読んで、ぴったりの漢字を入れよう。

①このコンサートの来場者は、□者が多い。

②節分の日に、□きずしを食べる。

③そんな勝手な言い□は、聞きたくない。

④キリンは、首が長くて□が高い。

⑤うっかりして、手ぶくろの□方をなくす。

⑥部屋の中の、いらない物を□分する。

⑦駅の売店で、週刊□を買って読んだ。

⑧あの歌手は、自分で作□作曲をする。

ヒント　片　訳　巻　処　誌　背　若　詞

東書6年④

月　日

漢字を使おう　3②／インターネットの投稿を読み比べよう

漢字を入れよう　13

名前

文を読んで、ぴったりの漢字を入れよう。

①あの人は、うそをつかない□実な人がらだ。

②先生の教えを、□実に守っている。

③昨日の火事で、老人二人が死□した。

④朝の会で、□任の先生が話をする。

⑤洋服の□札を見て、ねだんにおどろいた。

⑥台風で、雨風が急に□しくなる。

⑦どうしてだろうと、□問がわいてくる。

⑧自動車が故□して、動かなくなった。

ヒント　亡　忠　疑　激　誠　値　担　障

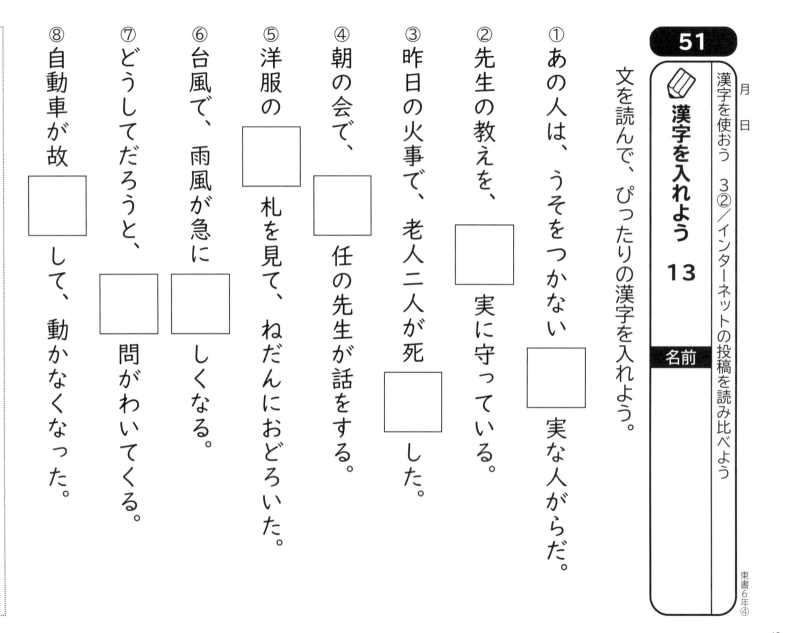

2学期

心の動きをはいくで表そう～漢字を使おう　4①

月　日

かくれたパーツをさがせ　18

名前

かくれたパーツをさがして、完成させよう。

① □非（ハイ）

□《たんか》と□《はいく》。

② □罙（さが(す)）

□《ともだち》を□《さが》す。

③ □㕣（エン）

□《えんがん》□《ぎょぎょう》

④ 尸□（とど(く)）

□《こころ》に□《とど》く。

⑤ □朱（かぶ）

□《かぶしき》□《がいしゃ》

⑥ 手□（カン）

□《そふ》を□《かんびょう》する。

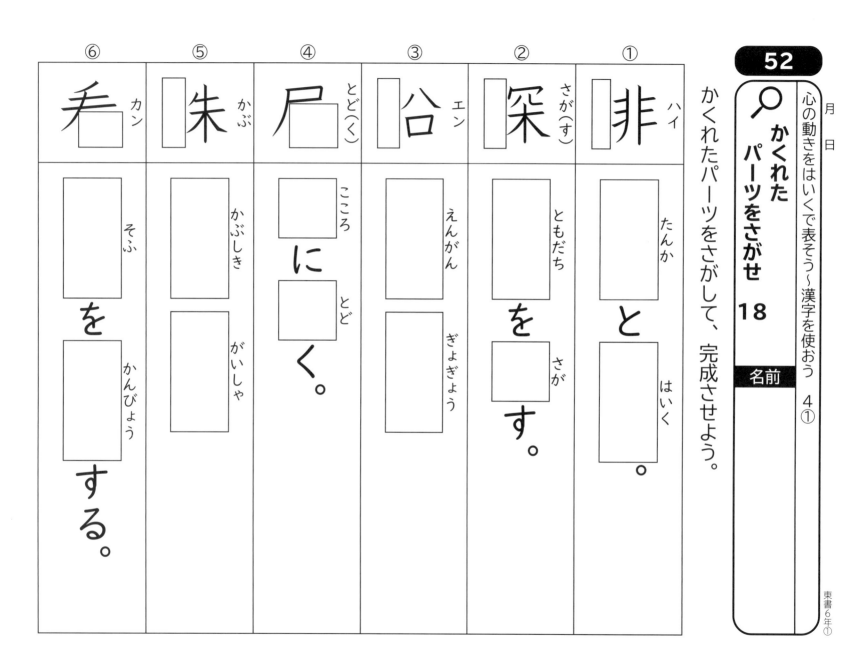

53

月　日

漢字を使おう　4②／も型のまち①

かくれたパーツをさがせ　19

名前

かくれたパーツをさがして、完成させよう。

① 广□（ザ）
□《ざせき》を□《ふ》やす。

② 成□（も(る)）
□《おおも》りの□《りょうり》。

③ 巻□（ケン）
□《しょっけん》を□《か》う。

④ 専□（セン）
お□《としよ》り□《せんよう》。

⑤ 模□（ボ）
□《きぼ》が□《ちい》さい。

⑥ □屯（ジュン）
□《たんじゅん》な□《けいさん》。

東書6年①

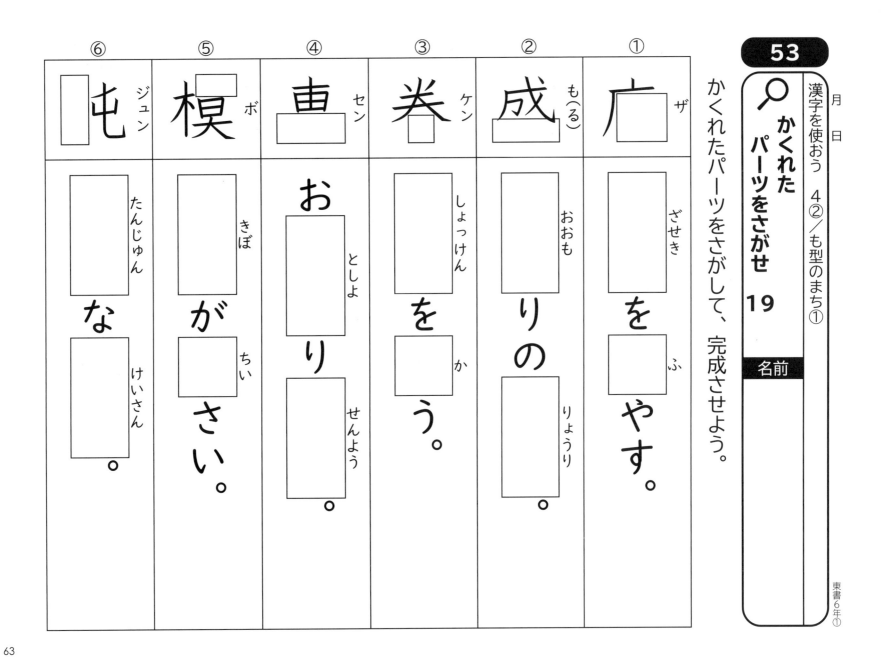

月　日

模型のまち②

54

かくれたパーツをさがせ　20

名前

かくれたパーツをさがして、完成させよう。

①　菫□《キン》

□《かいしゃ》に□《しゅっきん》する。

②　□朝《しお》

□《しお》の□《み》ち□《ひ》き。

③　骨《ほね》

□《どうぶつ》の□《ほね》。

④　□奉《ボウ》

□《てつぼう》で□《あそ》ぶ。

⑤　□八《あな》

□《あなば》の□《みせ》。

⑥　層《ソウ》

□《ちそう》を□《しら》べる。

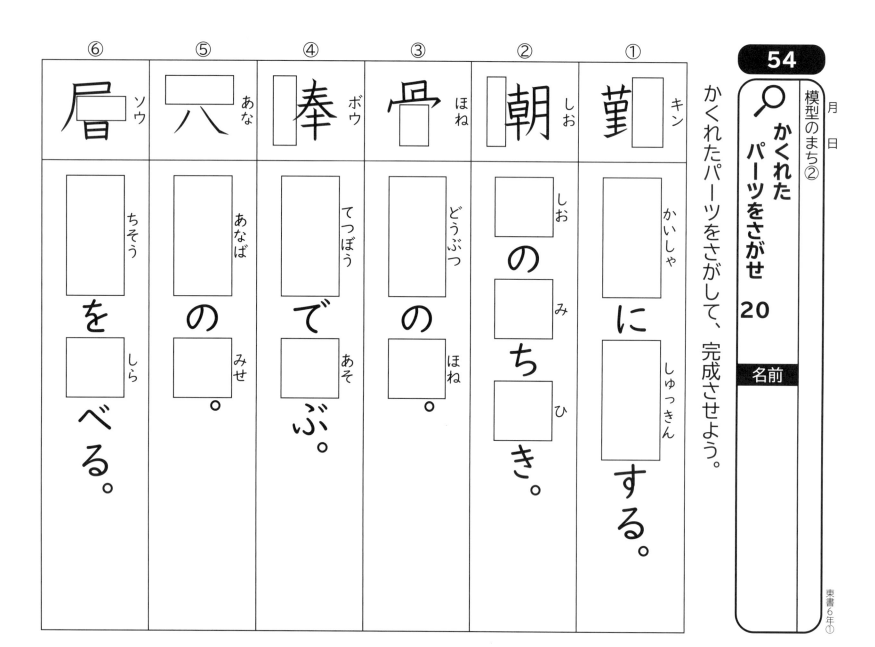

55

月　日

模型のまち③／漢字を使おう　5

かくれたパーツをさがせ　21

名前

かくれたパーツをさがして、完成させよう。

①　奞□　ふる(う)

□《ゆうき》を□《ふる》う。

②　廴□　エン

□《えんちょうせん》で□《やぶ》れる。

③　□戋　セン

□《せんとう》に□《い》く。

④　□岡　コウ

□《こうてつ》の□《きかい》。

⑤　□比　ヒ

□《ひひょう》の□《ことば》。

⑥　扌□木　ソウ

□《たいそう》の□《きょうぎ》。

東書6年①

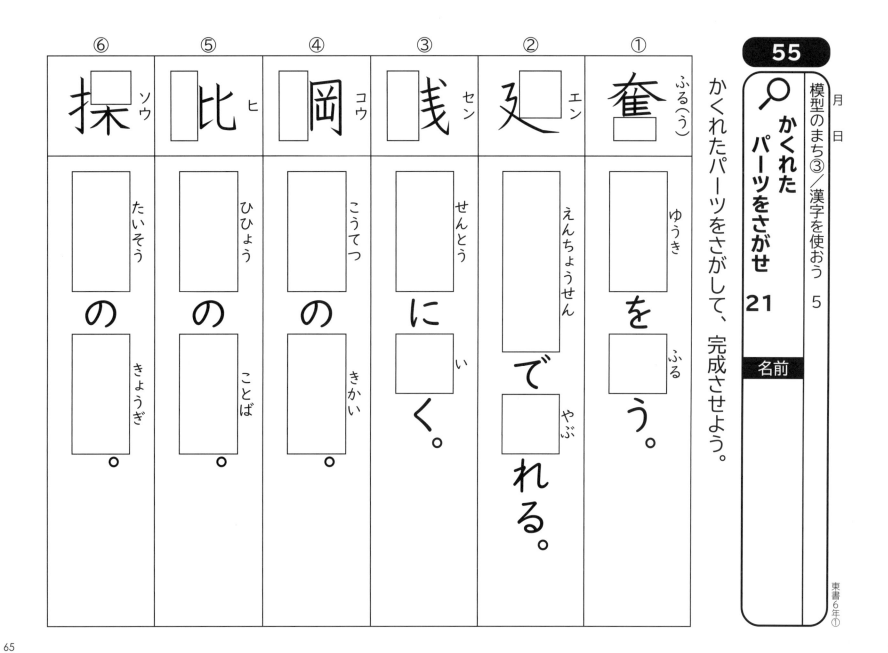

56

月　日

「永遠のごみ」プラスチック①

かくれたパーツをさがせ 22

名前

かくれたパーツをさがして、完成させよう。

①	②	③	④	⑤	⑥
□《こま(る)》	□《おさ(める)》	□《す(てる)》	□《ソウ》	□《ゲン》	□《リツ》
□《こま》り□《は》てる。	□《せいこう》を□《おさ》める。	ごみ□《す》て□《きんし》。	□《とざん》の□《そうび》。	ゲーム□《き》の□《でんげん》。	□《ほうりつ》を□《まも》る。

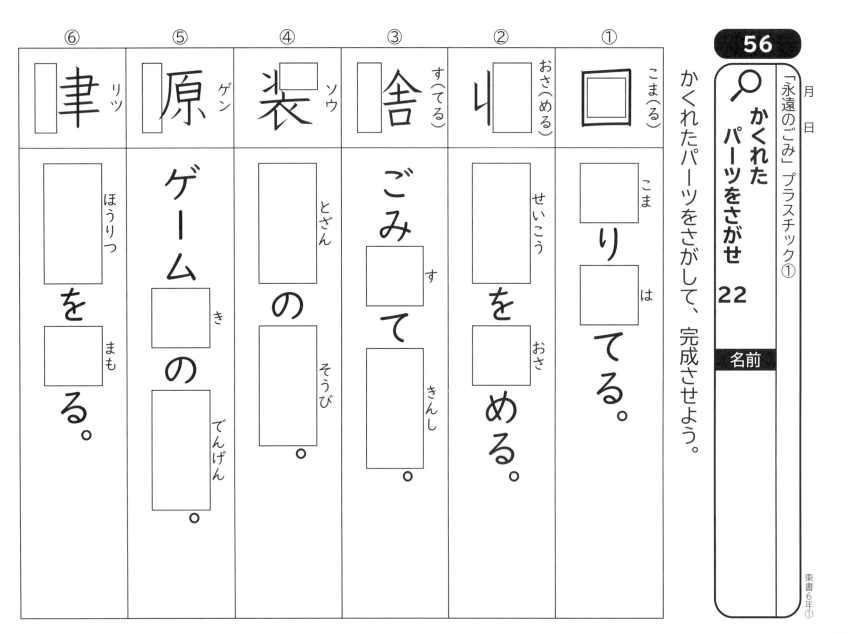

月　日

「永遠のごみ」プラスチック②〜漢字を使おう　6①

57

かくれたパーツをさがせ23

名前

かくれたパーツをさがして、完成させよう。

① □辷《したが(う)》

□《しじ》に□《したが》う。

② □斉《サイ》

□《せいじ》と□《けいざい》。

③ □者《チョ》

□《しょうせつ》の□《ちょしゃ》。

④ □奄《ケン》

□《けんり》と□《ぎむ》。

⑤ 冊《サツ》

□《ほん》を□《さんさつ》□《か》りる。

⑥ □复《はら》

□《はら》が□《た》つ□《はなし》。

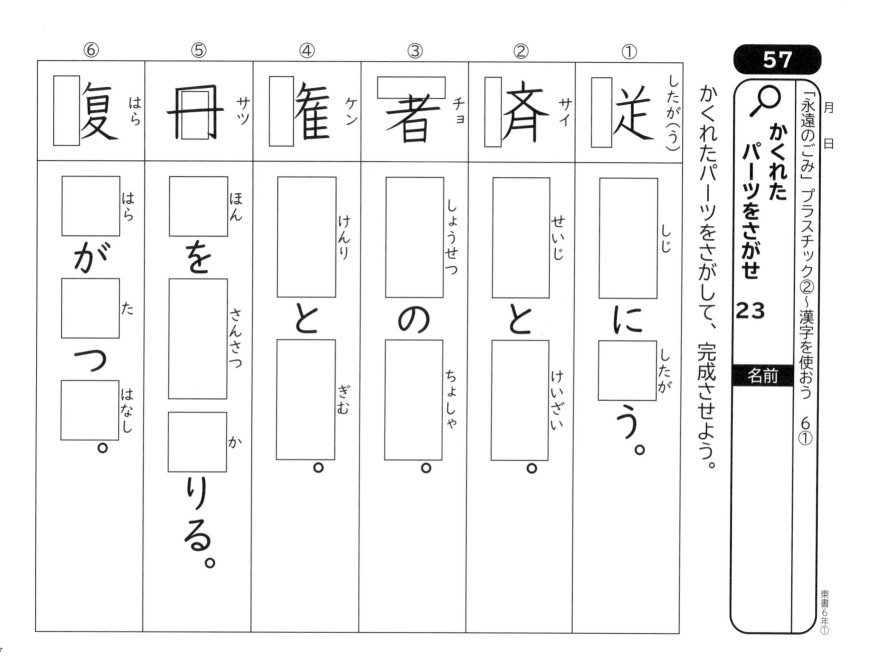

58

月　日

漢字を使おう　6②

かくれたパーツをさがせ　24

名前

かくれたパーツをさがして、完成させよう。

① □従《たて》
□《はこ》の□《たてよこ》を□《はか》る。

② □内《おさ(める)》
□《しょうひん》を□《おさ》める。

③ □必《ヒ》
□《しんぴてき》な□《はなし》。

④ 宓□《ミツ》
□《みっせつ》な□《かんけい》。

⑤ □𠂢《ハ》
□《りっぱ》な□《えんぜつ》。

⑥ 白□《いずみ》
□《もり》に□《いずみ》がわく。

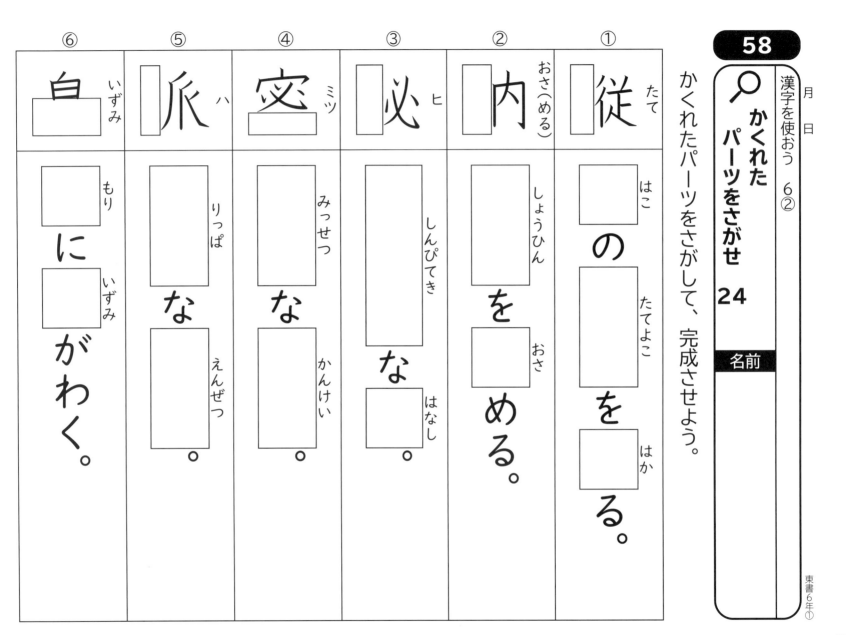

月　日

複合語

かくれたパーツをさがせ 25

名前

かくれたパーツをさがして、完成させよう。

① □方《たず(ねる)》　□《がいこく》を□《たず》ねる。

② □肙《きぬ》　□《きぬおりもの》

③ □余《ジョ》　□《どうろ》の□《じょせつ》。

④ □乇《タク》　□《じたく》に□《かえ》る。

⑤ 蒸□《ジョウ》　□《じょうき》□《きかんしゃ》

⑥ □呈《セイ》　□《せいいか》が□《も》える。

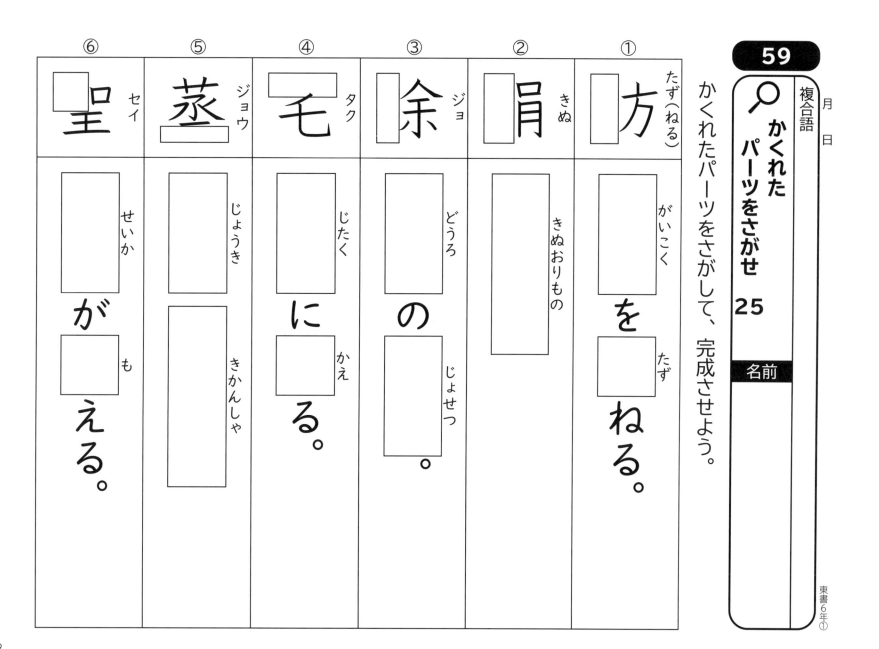

かくれたパーツをさがせ 26

海のいのち／漢字を使おう 7①

月　日

名前

かくれたパーツをさがして、完成させよう。

① 十□（シン）
□《とけい》の□《びょうしん》。

② 王□（ホウ）
□《うつく》しい□《ほうせき》。

③ 厂□（はい）
□《はいいろ》の□《ようふく》。

④ 優□（ユウ）
□《たいかい》で□《ゆうしょう》する。

⑤ 舌□（ラン）
□《みんぞく》の□《はんらん》。

⑥ 氿□（そ（める））
□《ま》っ□《か》に□《そ》める。

東書6年①

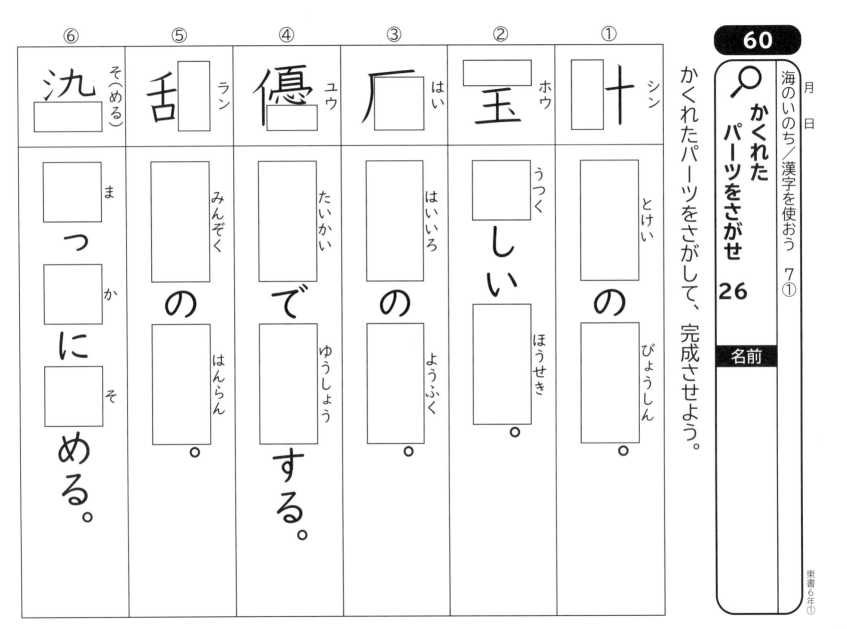

61

漢字を使おう　7②

月　日

かくれたパーツをさがせ　27

名前

かくれたパーツをさがして、完成させよう。

①
予□《あず(ける)》

□《にもつ》を□《あず》ける。

②
辶□《タイ》

□《ちち》が□《たいいん》する。

③
寸□《スン》

□《すんぽう》を□《はか》る。

④
身□《い(る)》

□《や》を□《い》る。

⑤
□茲《ジ》

□《じしゃく》の□《なんぼく》。

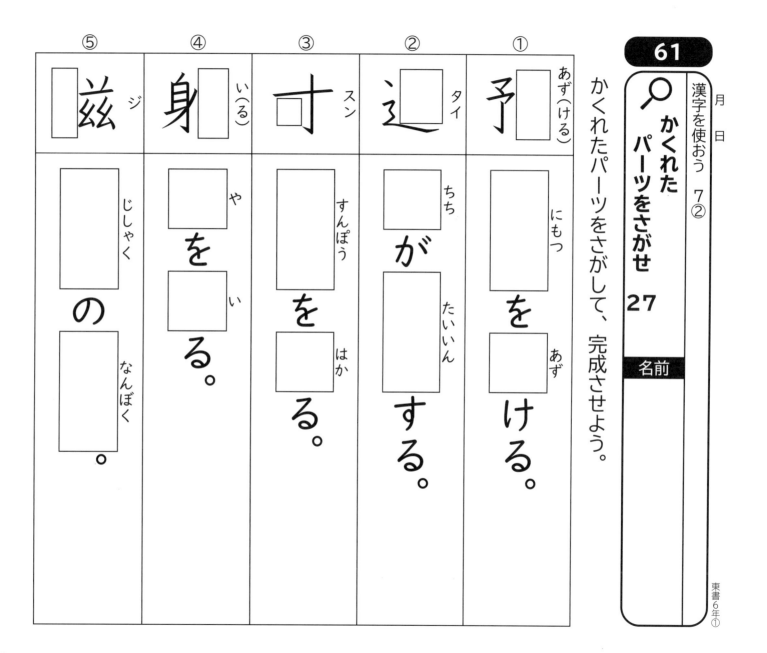

漢字を使おう　8①　月　日

かくれたパーツをさがせ　28

名前

かくれたパーツをさがして、完成させよう。

①

コウ

□《こうきょ》の□《まわ》り。

②

ゴウ

□《こうごう》のお□《しゃしん》。

③

ヘイ

□《へいか》のお□《ことば》。

④

トウ

□《せいとう》□《せいじ》

⑤

カク

□《ないかく》の□《しごと》。

⑥

チョウ

□《しちょうしゃ》の□《あんない》。

月　日

漢字を使おう　8②

かくれたパーツをさがせ　29

名前

かくれたパーツをさがして、完成させよう。

① □戈《サイ》

□《さいばんしょ》の□《けんがく》。

② □《ケン》

□《がいこく》の□《けんぽう》。

③ コ□《コ》

□《りこてき》な□《かんが》え。

④ □立《ヨク》

□《よくあさ》の□《ちょうしょく》。

⑤ 丁□《チョウ》

□《さんちょう》を□《めざ》す。

⑥ 云□《シ》

□《しきゅう》の□《ようじ》。

東書6年①

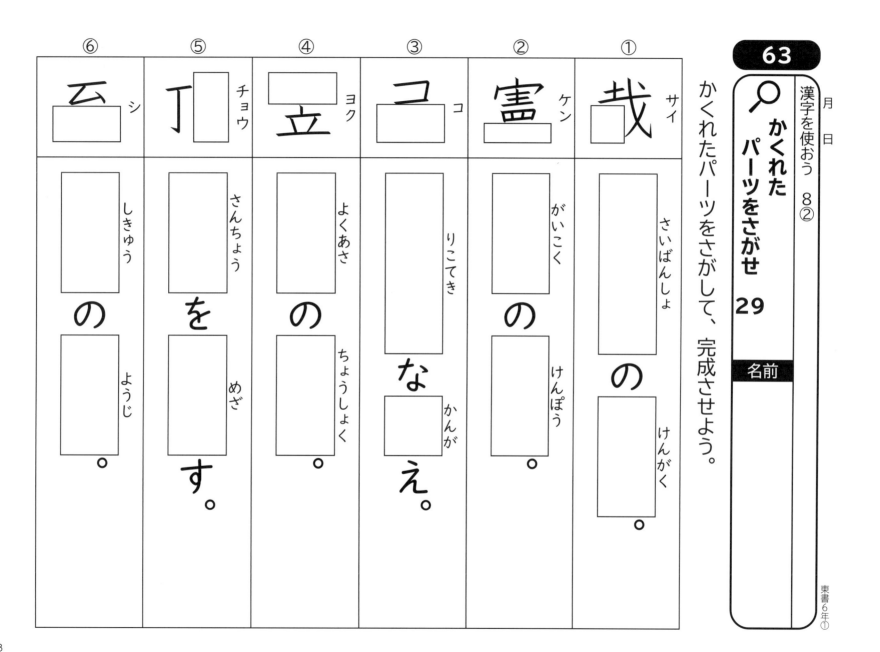

＋漢字足し算　14

名前

漢字の足し算をしよう。

① 亻 ＋ ⺕ ＋ ⺊ ＝ □ → → → □

② 扌 ＋ 冖 ＋ 儿 ＋ 木 ＝ □ → □

③ 氵 ＋ 八 ＋ 口 ＝ □ → → → □

④ 尸 ＋ 由 ＝ □ → → → → □

⑤ 木 ＋ 𠂉 ＋ 木 ＝ □ → → → □

⑥ 三 ＋ ノ ＋ 目 ＝ □ → → → □

⑦ 广 ＋ 人 ＋ 人 ＋ 土 ＝ □ → □

⑧ 万 ＋ 戈 ＋ 皿 ＝ □ → → → □

＊答えの漢字でことばを作ろう。

65

月　日

漢字を使おう　4②／も型のまち①

＋漢字足し算　15

名前

漢字の足し算をしよう。

＊答えの漢字で
ことばを作ろう。

① 丷 ＋ 二 ＋ 人 ＋ 刀 ＝ □ ↓ □

② 一 ＋ 由 ＋ 寸 ＝ □ ↓ ↓ ↓ □

③ 木 ＋ 艹 ＋ 日 ＋ 大 ＝ □ ↓ □

④ 糸 ＋ 口 ＋ し ＝ □ ↓ ↓ ↓ □

⑤ 艹 ＋ 里 ＋ 力 ＝ □ ↓ ↓ ↓ □

⑥ 氵 ＋ 韋 ＋ 月 ＝ □ ↓ ↓ ↓ □

⑦ 冂 ＋ 冖 ＋ 月 ＝ □ ↓ ↓ ↓ □

⑧ 木 ＋ 夫 ＋ キ ＝ □ ↓ ↓ ↓ □

東書6年②

月　日

66

漢字足し算 16

模型のまち②／漢字を使おう 5

名前

漢字の足し算をしよう。

＊答えの漢字でことばを作ろう。

① 宀 ＋ 八 ＝ □ ↓ ↓ ↓ ↓ □

② 尸 ＋ ソ ＋ 田 ＋ 目 ＝ □ ↓ □

③ 大 ＋ 隹 ＋ 田 ＝ □ ↓ ↓ ↓ □

④ 丿 ＋ 止 ＋ 又 ＝ □ ↓ ↓ ↓ □

⑤ 金 ＋ 三 ＋ 戈 ＝ □ ↓ ↓ ↓ □

⑥ 金 ＋ 冂 ＋ 丷山 ＝ □ ↓ ↓ ↓ □

⑦ 扌 ＋ 匕 ＋ 匕 ＝ □ ↓ ↓ ↓ □

⑧ 扌 ＋ 品 ＋ 木 ＝ □ ↓ ↓ ↓ □

東書6年②

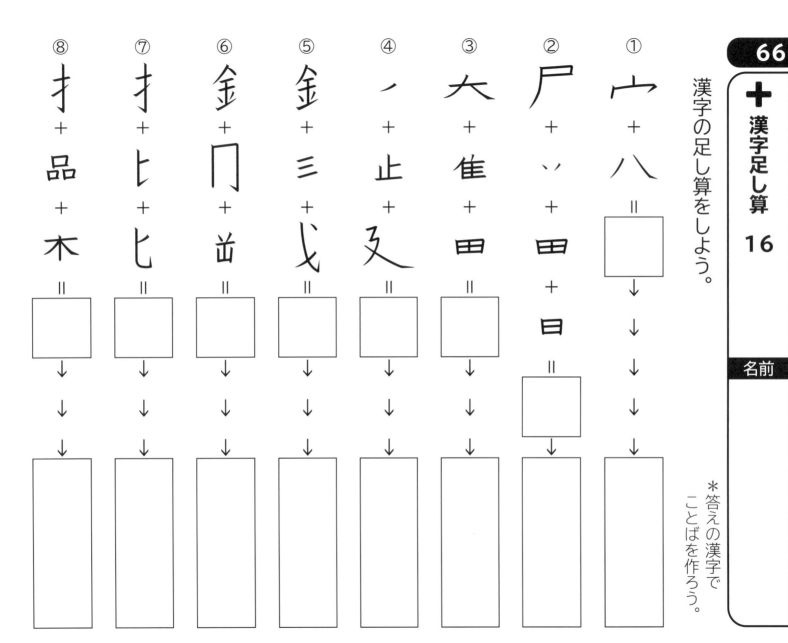

67

月　日

「永遠のごみ」プラスチック

漢字足し算 17

名前

漢字の足し算をしよう。

＊答えの漢字でことばを作ろう。

① 冂＋木＋一＝□↓↓↓↓□

② 刂＋又＝□↓↓↓↓↓□

③ 扌＋𠆢＋土＋口＝□↓□

④ ⺦＋土＋衣＝□↓↓↓□

⑤ 氵＋厂＋白＋小＝□↓□

⑥ 彳＋ヨ＋丰＝□↓↓↓□

⑦ 彳＋⺌＋止＝□↓↓↓□

⑧ 氵＋文＋月＝□↓↓↓□

東書6年②

月　日

情報の信頼性とちょ作けん～漢字を使おう 6①

68

漢字足し算 18

名前

漢字の足し算をしよう。

① 艹 ＋ 大 ＋ 日 ＝ □ ↓ ↓ ↓ □

② 木 ＋ 𠂉 ＋ 隹 ＝ □ ↓ ↓ ↓ □

③ 冂 ＋ || ＋ 一 ＝ □ ↓ ↓ ↓ □

④ 月 ＋ ⺈ ＋ 日 ＋ 夂 ＝ □ ↓ □

⑤ 糸 ＋ 彳 ＋ 丷 ＋ 龰 ＝ □ ↓ □

⑥ 糸 ＋ 冂 ＋ 人 ＝ □ ↓ ↓ ↓ □

⑦ 禾 ＋ 丿 ＋ 心 ＝ □ ↓ ↓ ↓ □

⑧ 冖 ＋ 必 ＋ 山 ＝ □ ↓ ↓ ↓ □

＊答えの漢字でことばを作ろう。

月　日

漢字を使おう　6②／複合語

69

＋漢字足し算　19

名前

漢字の足し算をしよう。

＊答えの漢字でことばを作ろう。

① 氵＋斤＋⺀ ＝ □ → → → □

② 白＋亅＋八 ＝ □ → → → □

③ 言＋亠＋力 ＝ □ → → → □

④ 糸＋口＋月 ＝ □ → → → □

⑤ 卩＋人＋禾 ＝ □ → → → □

⑥ 宀＋二＋乚 ＝ □ → → → □

⑦ 艹＋豕＋一＋⺌ ＝ □ → □

⑧ 耳＋口＋王 ＝ □ → → → □

東書6年②

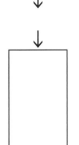

月　日

海のいのち／漢字を使おう　7①

＋漢字足し算　20

名前

漢字の足し算をしよう。

＊答えの漢字でことばを作ろう。

① 𠆢 ＋ 耒 ＋ 十 ＝ □ ↓ ↓ ↓ □

② 宀 ＋ 王 ＋ 丶 ＝ □ ↓ ↓ ↓ □

③ 厂 ＋ 丷 ＋ 人 ＝ □ ↓ ↓ ↓ □

④ 亻 ＋ 直 ＋ 心 ＋ 夂 ＝ □ ↓ □

⑤ 丿 ＋ 古 ＋ 乚 ＝ □ ↓ ↓ ↓ □

⑥ 氵 ＋ 九 ＋ 木 ＝ □ ↓ ↓ ↓ □

⑦ マ ＋ 了 ＋ 𠂉 ＋ 貝 ＝ □ ↓ □

⑧ 艮 ＋ く ＋ 辶 ＝ □ ↓ ↓ ↓ □

漢字足し算 21

名前

漢字の足し算をしよう。

① 一 ＋ 亅 ＋ 丶 ＝ □ → → → □

② 自 ＋ ノ ＋ 寸 ＝ □ → → → □

③ 石 ＋ 䒑 ＋ 幺 ＋ 幺 ＝ □ → □

④ 白 ＋ 王 ＝ □ → → → → → □

⑤ 厂 ＋ 一 ＋ 口 ＝ □ → → → □

⑥ 阝 ＋ 比 ＋ 土 ＝ □ → → → □

⑦ 龸 ＋ 口 ＋ 儿 ＝ □ → → → □

⑧ 門 ＋ 夂 ＋ 口 ＝ □ → → → □

＊答えの漢字でことばを作ろう。

月　日

漢字足し算 22

漢字を使おう 8②

名前

漢字の足し算をしよう。

＊答えの漢字でことばを作ろう。

① 广＋丁＝□

② 土＋衣＋戈＝□

③ 宀＋幸＋罒＋心＝□

④ コ＋乚＝□

⑤ 羽＋立＝□

⑥ 丁＋丆＋貝＝□

⑦ 一＋厶＋土＝□

月　日

心の動きをはいくで表そう〜もけいのまち①

☆足りないのはどこ（形をよく見て）9

名前

足りないところを見つけて、正しく書こう。

① 俳《はい》句《く》 →

② 探《たん》検《けん》 →

③ 沿《えん》岸《がん》 →

④ 届《とど》け物《もの》 →

⑤ 株《かぶ》主《ぬし》 →

⑥ 看《かん》板《ばん》 →

⑦ 星《せい》座《ざ》 →

⑧ 山《やま》盛《も》り →

⑨ 商《しょう》品《ひん》券《けん》 →

⑩ 専《せん》門《もん》 →

⑪ 模《も》型《けい》 →

⑫ 純《じゅん》金《きん》 →

月　日

模型のまち②／漢字を使おう 5

足りないのはどこ（形をよく見て）10

名前

足りないところを見つけて、正しく書こう。

①通《つう》勤《きん》 ↓ □

②風《ふう》潮《ちょう》 ↓ □

③骨《こっ》折《せつ》 ↓ □

④全《かな》棒《ぼう》 ↓ □

⑤穴《あな》場《ば》 ↓ □

⑥断《だん》層《そう》 ↓ □

⑦興《こう》奮《ふん》 ↓ □

⑧延《えん》期《き》 ↓ □

⑨全《きん》钱《せん》 ↓ □

⑩鉄《てっ》鋼《こう》業《ぎょう》 ↓ □

⑪批《ひ》判《はん》 ↓ □

⑫操《そう》作《さ》 ↓ □

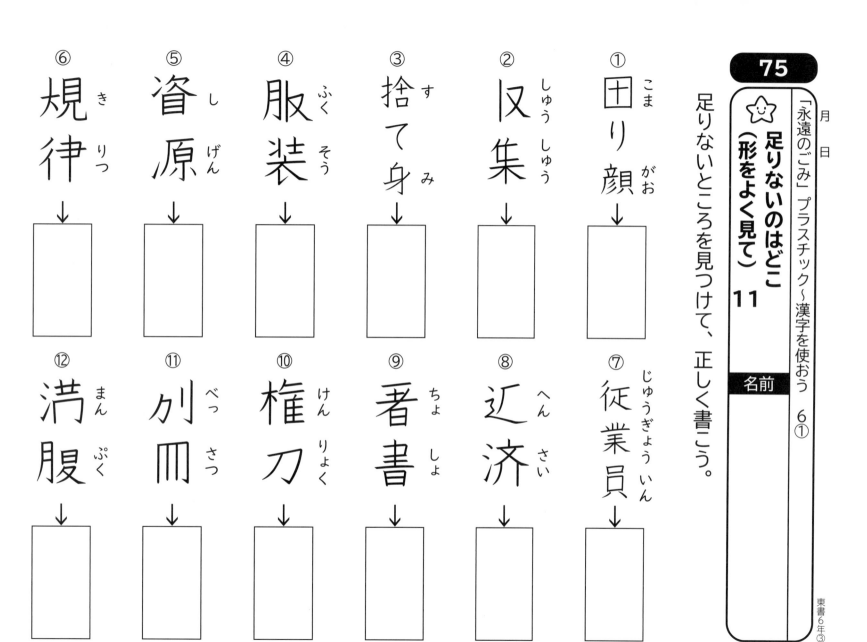

☆足りないのはどこ（形をよく見て）11

名前

足りないところを見つけて、正しく書こう。

① 田り《こま》顔《がお》
↓
[　]

② 収《しゅう》集《しゅう》
↓
[　]

③ 捨《す》て身《み》
↓
[　]

④ 服《ふく》装《そう》
↓
[　]

⑤ 資《し》原《げん》
↓
[　]

⑥ 規《き》律《りつ》
↓
[　]

⑦ 従業員《じゅうぎょういん》
↓
[　]

⑧ 返《へん》済《さい》
↓
[　]

⑨ 著《ちょ》書《しょ》
↓
[　]

⑩ 権《けん》刀《りょく》
↓
[　]

⑪ 別《べっ》冊《さつ》
↓
[　]

⑫ 満《まん》腹《ぷく》
↓
[　]

月　日

漢字を使おう　6②／複合語

足りないのはどこ（形をよく見て）12

名前

足りないところを見つけて、正しく書こう。

① 縦《じゅう》断《だん》 ↓ □

② 納《のう》税《ぜい》 ↓ □

③ 秘《ひ》密《みつ》 ↓ □

④ 密《みっ》集《しゅう》 ↓ □

⑤ 特《とく》派《は》員《いん》 ↓ □

⑥ 温《おん》泉《せん》 ↓ □

⑦ 訪《ほう》問《もん》 ↓ □

⑧ 絹《きぬ》糸《いと》 ↓ □

⑨ 除《じょ》外《がい》 ↓ □

⑩ 住《じゅう》宅《たく》 ↓ □

⑪ 蒸《じょう》発《はつ》 ↓ □

⑫ 聖《せい》書《しょ》 ↓ □

77

海のいのち／漢字を使おう 7

月　日

足りないのはどこ（形をよく見て）13

名前

足りないところを見つけて、正しく書こう。

① 万《ほう》釗《しん》 → □

② 財《ざい》宝《ほう》 → □

③ 仄《はい》色《いろ》 → □

④ 優《ゆう》先《せん》 → □

⑤ 混《こん》乱《らん》 → □

⑥ 柒《そ》め牞《もの》 → □

⑦ 頊《よ》全《きん》 → □

⑧ 退《たい》場《じょう》 → □

⑨ 亅《すん》汢《ぽう》 → □

⑩ 汪《ちゅう》射《しゃ》 → □

⑪ 磁《じ》刀《りょく》 → □

東書6年③

漢字を使おう　8

月　日

足りないのはどこ（形をよく見て）14

名前

足りないところを見つけて、正しく書こう。

① 大《てん》呈《のう》

② 呈《こう》后《ごう》

③ 阰《へい》丅《か》

④ 冗《とう》首《しゅ》

⑤ 大《てん》守《しゅ》閣《かく》

⑥ 県《けん》广《ちょう》

⑦ 裁《さば》く

⑧ 憲《けん》汢《ぽう》

⑨ 目《じ》己《こ》

⑩ 翌《よく》口《じつ》

⑪ 頂《ちょう》点《てん》

⑫ 冬《とう》王《じ》

月　日

心の動きをはい句で表そう～漢字を使おう　4①

漢字を入れよう　14

名前

文を読んで、ぴったりの漢字を入れよう。

①「五・七・五」の言葉で、□句を考える。

②熱帯のジャングルの中を、□検する。

③夕日を見ながら、海□いの道を走る。

④友達の家に、プレゼントを□ける。

⑤森の中で、木の切り□にすわる。

⑥母が、病気の弟の□病をする。

⑦夜空に、冬の星□が光っている。

⑧大きなお皿に、料理を□りつける。

ヒント　探　盛　座　俳　看　沿　株　届

東書6年④

80

漢字を入れよう 15

月　日

漢字を使おう 4②／も型のまち①

名前

文を読んで、ぴったりの漢字を入れよう。

①博物館の入口で、入場□を見せる。

②この道は、九時までバス□用レーンです。

③母に、水玉□様のスカーフを買った。

④この置物は、□金製でとても高価だ。

⑤母は、生命保険の会社に□めている。

⑥海岸で、□風にふかれて気持ちがよい。

⑦自転車で転んで、足の□を折る。

⑧鉄□で、連続逆上がりを練習する。

ヒント　潮　券　勤　専　純　骨　模　棒

東書6年④

81

漢字を入れよう 16

模型のまち②／漢字を使おう 5

月　日

名前

文を読んで、ぴったりの漢字を入れよう。

①いたずらで、砂場に落とし□をほる。

②東京には、高□ビルがたくさん建っている。

③オリンピックで、日本の金メダルに興□する。

④台風のために、運動会が□期になる。

⑤一万円札ではらって、つり□を受け取る。

⑥この岩は、□鉄のようにかたい。

⑦自分の事はさておいて、友人を□判する。

⑧体育の初めに、準備体□をする。

ヒント　操　穴　鋼　批　延　層　奮　銭

東書6年④

82

漢字を入れよう 17

「永遠のごみ」プラスチック

月　日

名前

文を読んで、ぴったりの漢字を入れよう。

①うまくいかなくて、ほとほと□り果てる。

②子ども会で、古新聞を回□している。

③ごみ箱の中のごみを、全部□てる。

④犯人が、ぼうしとサングラスで変□する。

⑤リモコンで、テレビの電□を入れる。

⑥国民は、法□を守る義務がある。

⑦家来が、王様の命令に□う。

⑧時間が無く、大急ぎで朝食を□ませる。

ヒント　済　困　捨　律　従　収　源　装

月　日

東書6年④

83 漢字を入れよう 18

情報の信頼性とちょ作けん～漢字を使おう　6①

名前

文を読んで、ぴったりの漢字を入れよう。

①この本の［　］者に、サインをもらった。

②本を書いた人の、［　］利を守る。

③図書室で、日本の歴史の本を二［　］借りた。

④ご飯を三ばいも食べたので、満［　］です。

⑤横書きではなくて、［　］書きで書いてください。

⑥銀行から、国に税金を［　］める。

⑦森の中で、神［　］的な光景を目にする。

⑧二つの国は、［　］接な関係にある。

ヒント　密　縦　著　権　腹　秘　納　冊

月　日

漢字を使おう　6②／複合語

漢字を入れよう 19

名前

文を読んで、ぴったりの漢字を入れよう。

① 海外の特□員が、ニュースを伝える。

② 有名な温□に入って、のんびり過ごす。

③ 来週は、先生の家庭□問がある。

④ シルクロードを通って、□織物が運ばれた。

⑤ 大雪で、□雪の作業に追われる。

⑥ 祖父の家に、荷物を□配便で送る。

⑦ けむりをはいて、□気機関車が走る。

⑧ オリンピックの、□火ランナーを務める。

ヒント　絹　訪　派　蒸　除　宅　泉　聖

漢字を入れよう 20

月　日

名前

文を読んで、ぴったりの漢字を入れよう。

① 時計の□が、ちょうど十二時を指す。

② この仏像は、国□に指定されている。

③ 火山がふん火して、街に火山□が積もる。

④ 運動会で、赤組が□勝した。

⑤ かたづけないので、部屋が□雑になる。

⑥ 夕焼けで、西の空が真っ赤に□まる。

⑦ 母が、銀行にお金を□けに行く。

⑧ 入院していた父が、今日□院する。

ヒント　染　優　預　乱　宝　灰　退　針

86

月　日

漢字を使おう　7②／漢字を使おう　8①

漢字を入れよう　21

名前

文を読んで、ぴったりの漢字を入れよう。

①一□の虫にも、五分のたましい。

②インフルエンザの、予防注□を受ける。

③方位□石で、南の方角をさがす。

④天□のお住まいを、□居と言う。

⑤天のうと、こう□のお写真。

⑥天のう□下の、お言葉をいただく。

⑦選挙で、投票する政□を選ぶ。

⑧新しい内□総理大臣が、演説をする。

ヒント　党　陛　皇　寸　后　磁　射　閣

87

月　日

漢字を使おう　8②

漢字を入れよう 22

名前

文を読んで、ぴったりの漢字を入れよう。

①気象□が、台風の予報を出す。

②明日、この事件の□判が開かれる。

③五月三日は、□法記念日です。

④新しいクラスで、自□しょうかいをする。

⑤早くねた日の□朝は、早く目が覚める。

⑥二時間かかって、山の□上にたどり着く。

⑦急ぐので、□急、先生に知らせてください。

ヒント　頂　翌　己　裁　憲　庁　至

東書6年④

3 学期

月　日

古典芸能への招待状

88 かくれたパーツをさがせ 30

名前

かくれたパーツをさがして、完成させよう。

① 劇《ゲキ》

□《れきし》のある□《げきじょう》。

② 春《ソウ》

□《がっそう》と□《がっしょう》。

③ 軍《キ》

□《がくだん》の□《しきしゃ》。

④ 衆《シュウ》

□《こうしゅう》□《でんわ》

⑤ 承《ショウ》

□《でんしょう》□《あそ》び

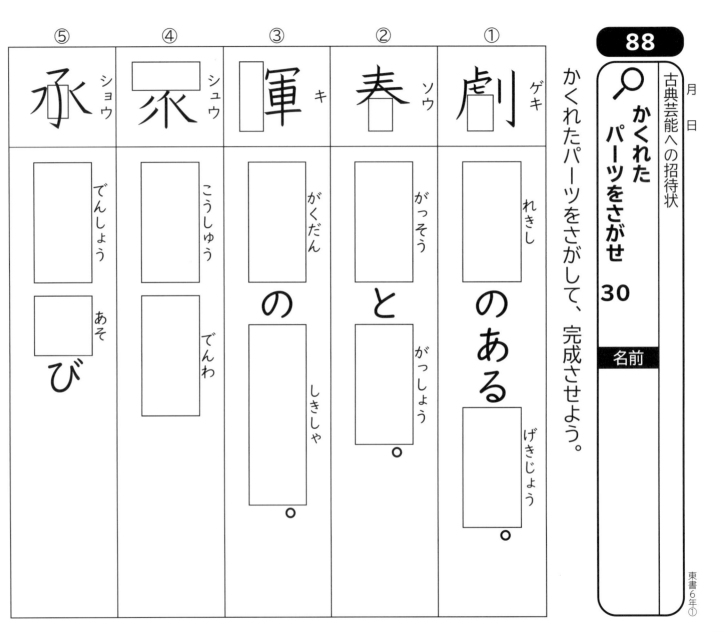

89

宇宙への思い①

月　日

かくれたパーツをさがせ 31

名前

かくれたパーツをさがして、完成させよう。

①
□寽《ショウ》

□《しょうらい》の□《ゆめ》。

②
不□《ヒ》

□《ひてい》の□《たちば》。

③
□忍《みと(める)》

□《じつりょく》を□《みと》める。

④
酋□《とうと(い)》

□《とうと》い□《かみ》。

⑤
𦰩□《むずか(しい)》

□《むずか》しい□《しごと》。

東書6年①

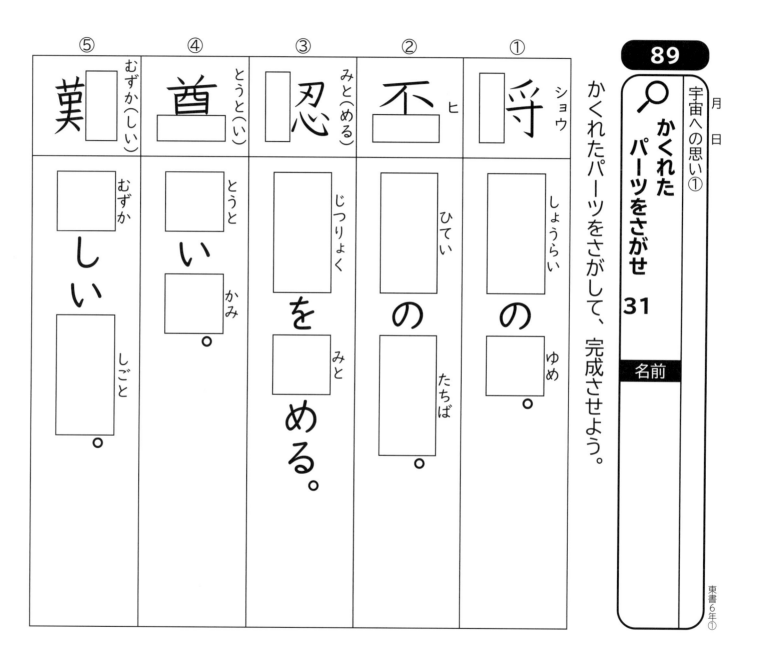

月　日

宇宙への思い②／漢字を使おう　9①

かくれたパーツをさがせ　32

名前

かくれたパーツをさがして、完成させよう。

①
手□《われ》

□《われ》は□《うみ》の□《こ》。

②
□《キ》

□《きちょう》な□《きんぞく》。

③
□者《ショ》

□《せかい》□《しょこく》

④
□子《コウ》

□《おやこうこう》な□《わかもの》。

⑤
□《ほ(す)》

□《うめぼ》しを□《た》べる。

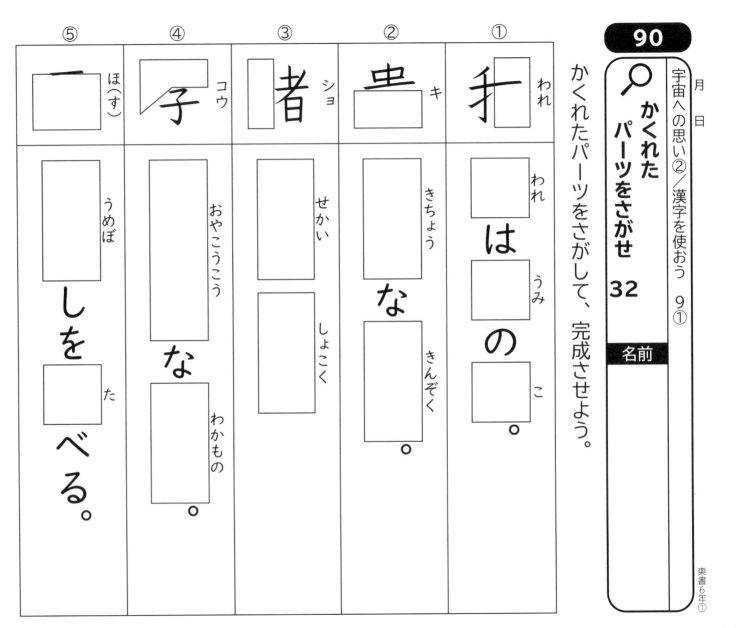

91

月　日

漢字を使おう　9②／どう立ち向かう？　もしもの世界

かくれたパーツをさがせ 33

名前

かくれたパーツをさがして、完成させよう。

①　□免《バン》

□《ばん》ご□《はん》の□《まえ》。

②　莫□《マク》

プロ□《やきゅう》の□《かいまく》。

③　□壬《た(れる)》

□《あまみず》が□《た》れる。

④　□寸《トウ》

□《もんだいてん》の□《けんとう》。

⑤　□広《カク》

□《ひろば》の□《かくちょう》。

東書6年①

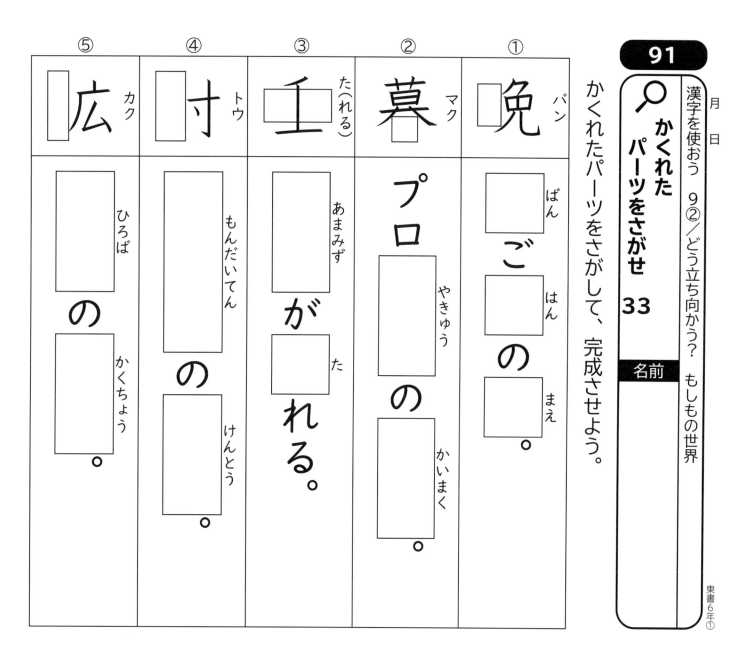

92

月　日

古典芸能への招待状

＋漢字足し算23

名前

漢字の足し算をしよう。

＊答えの漢字でことばを作ろう。

① 𠂆 ＋ ⺊ ＋ 豕 ＋ 刂 ＝ □ ↓ □

② 三 ＋ 人 ＋ 夭 ＝ □ ↓ ↓ ↓ □

③ 扌 ＋ 冖 ＋ 車 ＝ □ ↓ ↓ ↓ □

④ 皿 ＋ 亻 ＋ 彡 ＋ 乂 ＝ □ ↓ □

⑤ 了 ＋ 三 ＋ 7乀 ＝ □ ↓ ↓ ↓ □

93

漢字足し算 24

宇宙への思い

月　日

名前

漢字の足し算をしよう。

＊答えの漢字でことばを作ろう。

① 丬＋⺈＋寸＝□↓↓↓↓

② 不＋口＝□↓↓↓↓↓

③ 言＋刃＋心＝□↓↓↓↓

④ ソ＋酉＋寸＝□↓↓↓↓

⑤ 艹＋口＋夫＋隹＝□↓

⑥ ノ＋才＋戈＝□↓↓↓↓

⑦ 中＋一＋貝＝□↓↓↓↓

東書6年②

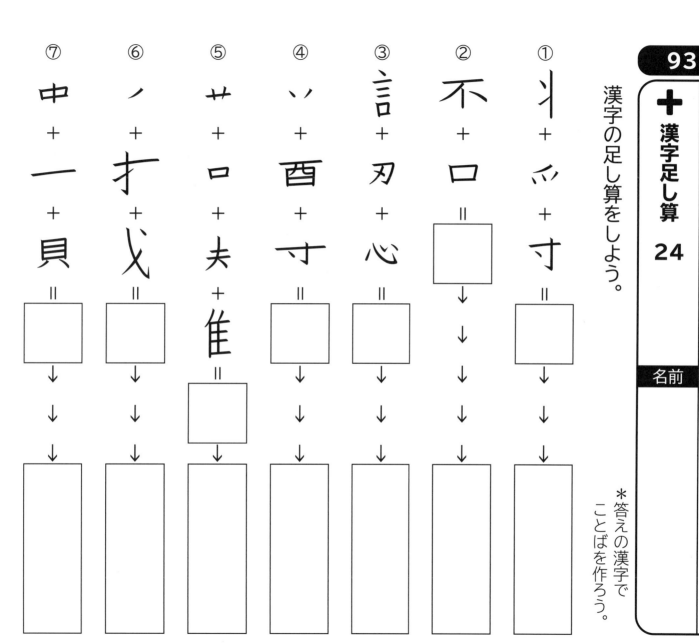

94

月　日

漢字を使おう　9／どう立ち向かう？　もしもの世界

＋ 漢字足し算 25

名前

漢字の足し算をしよう。

＊答えの漢字でことばを作ろう。

① 言 ＋ 𠂆 ＋ 日 ＝ □ ↓ ↓ ↓ □

② 土 ＋ ノ ＋ 子 ＝ □ ↓ ↓ ↓ □

③ 一 ＋ 十 ＝ □ ↓ ↓ ↓ ↓ ↓ □

④ 日 ＋ ク ＋ 四 ＋ 儿 ＝ □ ↓ □

⑤ 艹 ＋ 日 ＋ 六 ＋ 巾 ＝ □ ↓ □

⑥ ノ ＋ 毌 ＋ 上 ＝ □ ↓ ↓ ↓ □

⑦ 言 ＋ 寸 ＝ □ ↓ ↓ ↓ ↓ ↓ □

⑧ 扌 ＋ 广 ＋ ム ＝ □ ↓ ↓ ↓ □

東書6年②

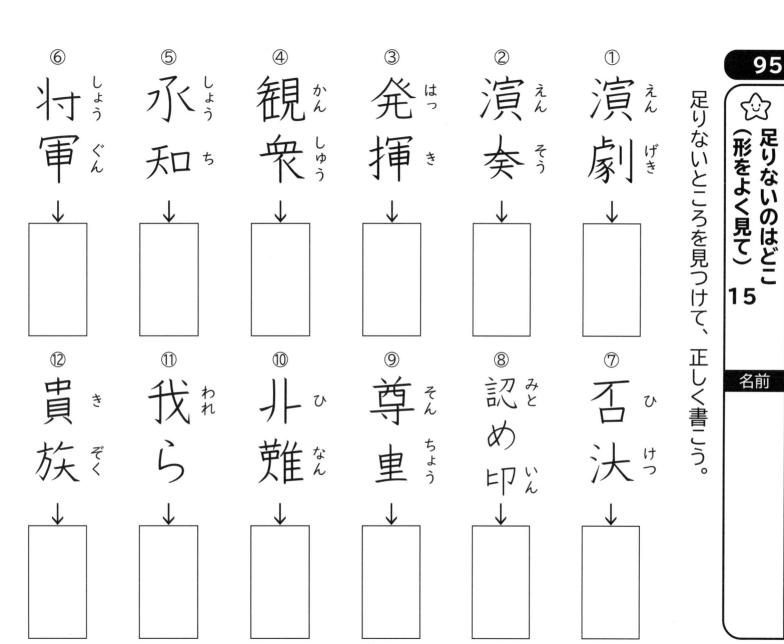

足りないのはどこ（形をよく見て）15

名前

足りないところを見つけて、正しく書こう。

① 演《えん》劇《げき》 ↓

② 演《えん》奏《そう》 ↓

③ 発《はっ》揮《き》 ↓

④ 観《かん》衆《しゅう》 ↓

⑤ 承《しょう》知《ち》 ↓

⑥ 将《しょう》軍《ぐん》 ↓

⑦ 否《ひ》決《けつ》 ↓

⑧ 認《みと》め印《いん》 ↓

⑨ 尊《そん》重《ちょう》 ↓

⑩ 非《ひ》難《なん》 ↓

⑪ 我《われ》ら ↓

⑫ 貴《き》族《ぞく》 ↓

東書6年③

月　日

漢字を使おう　9／どう立ち向かう？　もしもの世界

足りないのはどこ（形をよく見て）16

名前

足りないところを見つけて、正しく書こう。

① 諸《しょ》君《くん》 ↓

② 考《こう》行《こう》 ↓

③ 干《かん》満《まん》 ↓

④ 朝《あさ》晩《ばん》 ↓

⑤ 幕《ばく》府《ふ》 ↓

⑥ 垂《すい》直《ちょく》 ↓

⑦ 討《とう》議《ぎ》 ↓

⑧ 拡《かく》張《ちょう》 ↓

東書6年③

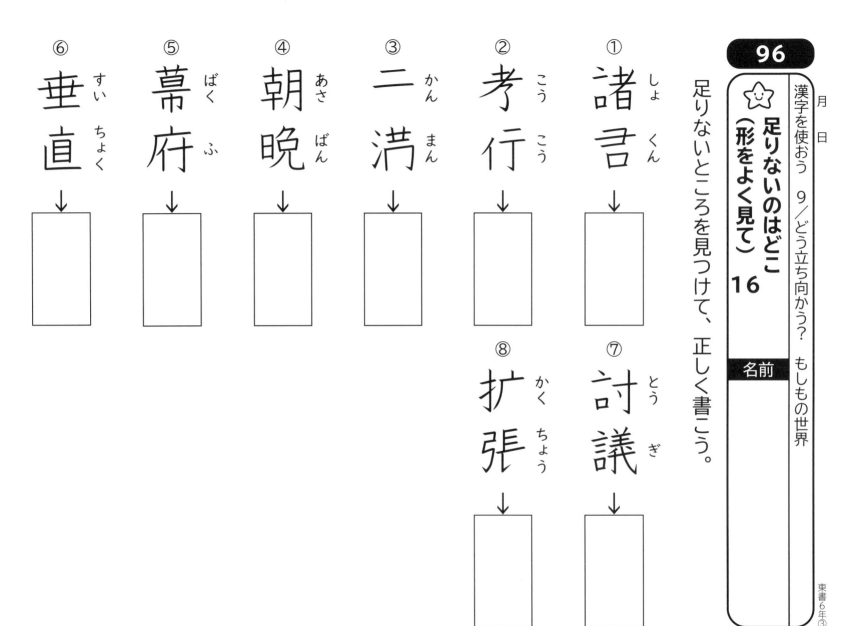

97

古典芸能への招待状

月　日

漢字を入れよう 23

名前

文を読んで、ぴったりの漢字を入れよう。

①この□場では、ミュージカルをやっている。

②音楽会で、いろんな楽器を使って合□する。

③音楽会で、先生が合唱の指□をする。

④国会には、□議院と参議院がある。

⑤無理を□知で、先生にお願いする。

ヒント　揮　承　奏　劇　衆

98

漢字を入れよう 24

宇宙への思い

月　日

名前

文を読んで、ぴったりの漢字を入れよう。

①歴史が好きで、戦国武□の名前を覚える。

②あの人は、相手の話を全て□定する。

③和食の良さが、世界に□められる。

④一人一人の意見を□重して、考える。

⑤この問題は、ぼくには□しくて答えられない。

⑥今回は、□ながら、よく勉強したと思う。

⑦お金や時計などの、□重品を預ける。

ヒント　難　否　我　貴　認　将　尊

東書6年④

漢字を入れよう 25

名前

文を読んで、ぴったりの漢字を入れよう。

① 一人で、ヨーロッパ□国を旅する。

② いつもいそがしい両親に、親□行をする。

③ 天気が良いので、洗たく物を外に□す。

④ 父は、毎□、帰りが八時ごろです。

⑤ バレーボールの大会が、開□する。

⑥ おいしそうなにおいに、よだれを□らす。

⑦ テレビで、政治についての□論会があった。

⑧ 虫めがねで、小さな文字を□大する。

ヒント　垂　討　幕　干　諸　晩　拡　孝

答え

（解答例）

1

たずね合って考えよう／さなぎたちの教室①

月　日

かくれたパーツをさがせ　1

名前

かくれたパーツをさがして、完成させよう。

① 簡（カン）　簡単《かんたん》な文章《ぶんしょう》。

② 筋（すじ）　筋道《すじみち》の立《た》った話《はなし》。

③ 窓（まど）　市役所《しやくしょ》の窓口《まどぐち》。

④ 枚（マイ）　二枚《にまい》の写真《しゃしん》。

⑤ 宣（セン）　平和《へいわ》の宣言《せんげん》。

⑥ 幼（おさな(い)）　幼《おさな》い弟《おとうと》。

2

さなぎたちの教室②

月　日

かくれたパーツをさがせ　2

名前

かくれたパーツをさがして、完成させよう。

① 革（カク）　政治《せいじ》の改革《かいかく》。

② 裏（うら）　服《ふく》の裏表《うらおもて》。

③ 並（なら(べる)）　並《なら》べ方《かた》を考《かんが》える。

④ 視（シ）　視点《してん》を変《か》える。

⑤ 痛（ツウ）　頭痛《ずつう》の薬《くすり》。

⑥ 敬（うやま(う)）　先生《せんせい》を敬《うやま》う。

3

さなぎたちの教室③

月　日

かくれたパーツをさがせ　3

名前

かくれたパーツをさがして、完成させよう。

① 敵（テキ）　無敵《むてき》の選手《せんしゅ》。

② 降（お(りる)）　駅《えき》で降《お》りる。

③ 姿（シ）　姿勢《しせい》が悪《わる》い。

④ 胸（むね）　胸《むね》が熱《あつ》くなる。

⑤ 吸（す(う)）　息《いき》を吸《す》う。

⑥ 呼（コ）　点呼《てんこ》をとる。

4

さなぎたちの教室④／漢字を使おう１①

月　日

かくれたパーツをさがせ　4

名前

かくれたパーツをさがして、完成させよう。

① 忘（わす(れる)）　宿題《しゅくだい》を忘《わす》れる。

② 閉（し(める)）　戸《と》を閉《し》める。

③ 朗（ロウ）　物語《ものがたり》の朗読《ろうどく》。

④ 創（つく(る)）　文化《ぶんか》を創《つく》る。

⑤ 補（ホ）　補強《ほきょう》の工事《こうじ》。

⑥ 拝（おが(む)）　朝日《あさひ》を拝《おが》む。

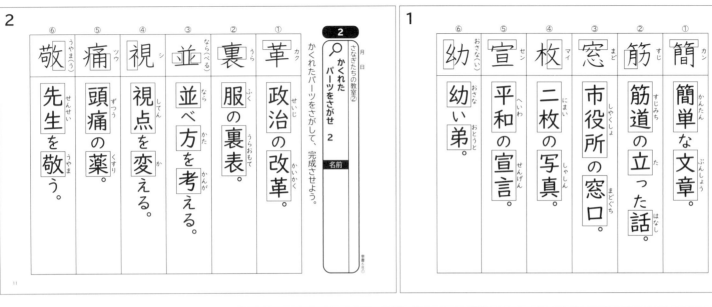

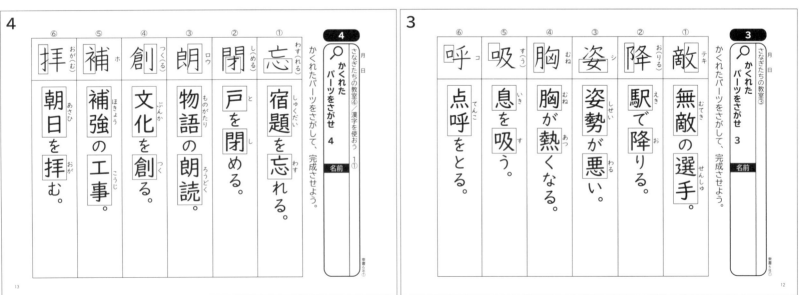

5

5 漢字を使おう 1②

月　日

かくれたパーツをさがせ 5

名前

かくれたパーツをさがして、完成させよう。

① 郵《ユウ》　郵便《ゆうびん》番号《ばんごう》

② 就《シュウ》　就職《しゅうしょく》が決《き》まる。

③ 仁《ジン》　仁愛《じんあい》の心《こころ》。

④ 俵《たわら》　米俵《こめだわら》を運《はこ》ぶ。

⑤ 紅《コウ》　紅茶《こうちゃ》の産地《さんち》。

⑥ 縮《ちぢ(む)》　洋服《ようふく》が縮《ちぢ》む。

東書6年①

6

6 漢字を使おう 1③／社会教育施設へ行こう①

月　日

かくれたパーツをさがせ 6

名前

かくれたパーツをさがして、完成させよう。

① 尺《シャク》　尺八《しゃくはち》の音色《ねいろ》。

② 班《ハン》　各班《かくはん》の班長《はんちょう》。

③ 域《イキ》　地域《ちいき》や社会《しゃかい》。

④ 展《テン》　展示《てんじ》の内容《ないよう》。

⑤ 郷《キョウ》　両親《りょうしん》の故郷《こきょう》。

⑥ 映《エイ・うつ(す)》　映画《えいが》を映《うつ》す。

東書6年①

7

7 社会教育施設へ行こう②〜三字以上のじゅく語の構成①

月　日

かくれたパーツをさがせ 7

名前

かくれたパーツをさがして、完成させよう。

① 覧《ラン》　資料《しりょう》の回覧《かいらん》。

② 異《イ》　特異《とくい》な才能《さいのう》。

③ 熟《ジュク》　木《き》の実《み》が熟《じゅく》す。

④ 賃《チン》　電車《でんしゃ》の運賃《うんちん》。

⑤ 盟《メイ》　条約《じょうやく》に加盟《かめい》する。

⑥ 警《ケイ》　建物《たてもの》の警備《けいび》。

東書6年①

8

8 三字以上の熟語の構成②

月　日

かくれたパーツをさがせ 8

名前

かくれたパーツをさがして、完成させよう。

① 署《ショ》　署名《しょめい》を集《あつ》める。

② 蚕《サン》　養蚕《ようさん》農家《のうか》

③ 善《ゼン》　善悪《ぜんあく》を考《かんが》える。

④ 臨《リン》　臨時《りんじ》停車《ていしゃ》する。

⑤ 宇《ウ》　宇宙《うちゅう》飛行士《ひこうし》

⑥ 宙《チュウ》　三回宙返《ちゅうがえ》り

東書6年①

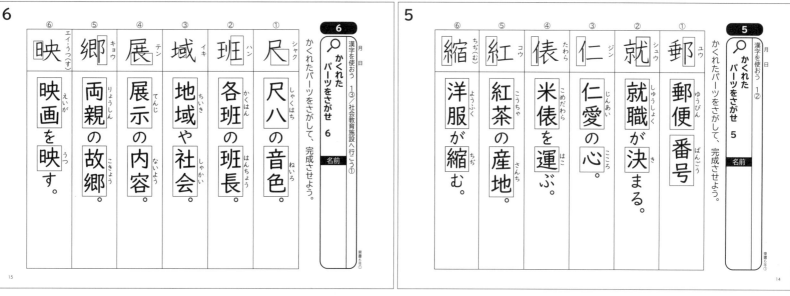

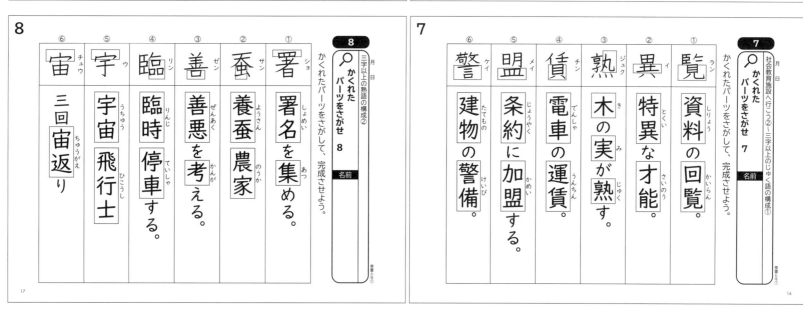

9

9 かくれたパーツをさがせ 9

三字以上の熟語の構成③／イースター島にはなぜ森林がないのか①

月　日　名前

東書6年①

かくれたパーツをさがして、完成させよう。

① 欲《ヨク》　食欲《しょくよく》の秋《あき》。

② 穀《コク》　倉庫《そうこ》にある穀物《こくもつ》。

③ 遺《イ》　世界《せかい》遺産《いさん》

④ 乳《ニュウ》　乳児《にゅうじ》の体重《たいじゅう》。

⑤ 樹《ジュ》　熱帯《ねったい》の樹林《じゅりん》。

⑥ 蔵《ゾウ》　お地蔵様《じぞうさま》

10

10 かくれたパーツをさがせ 10

イースター島にはなぜ森林がないのか②

月　日　名前

東書6年①

かくれたパーツをさがして、完成させよう。

① 宗《シュウ》　世界《せかい》の宗教《しゅうきょう》。

② 刻《きざ(む)》　心《こころ》に刻《きざ》む。

③ 恩《オン》　命《いのち》の恩人《おんじん》。

④ 推《スイ》　犯人《はんにん》を推理《すいり》する。

⑤ 存《ソン》　人間《にんげん》の存在《そんざい》。

⑥ 暮《く(らす)》　昔《むかし》の暮《く》らし。

11

11 かくれたパーツをさがせ 11

イースター島にはなぜ森林がないのか③

月　日　名前

東書6年①

かくれたパーツをさがして、完成させよう。

① 供《そな(える)》　墓《はか》に花《はな》を供《そな》える。

② 系《ケイ》　銀河系《ぎんがけい》の星《ほし》。

③ 誤《ゴ》　誤字《ごじ》を見《み》つける。

④ 傷《きず》　傷《きず》の手当《てあ》て。

⑤ 厳《きび(しい)》　厳《きび》しい自然《しぜん》。

⑥ 論《ロン》　結論《けつろん》を出《だ》す。

12

12 かくれたパーツをさがせ 12

イースター島にはなぜ森林がないのか④／漢字を使おう 2①

月　日　名前

東書6年①

かくれたパーツをさがして、完成させよう。

① 段《ダン》　文章《ぶんしょう》の段落《だんらく》。

② 胃《イ》　胃薬《いぐすり》を飲《の》む。

③ 腸《チョウ》　大腸《だいちょう》が悪《わる》い。

④ 肺《ハイ》　肺《はい》の病気《びょうき》。

⑤ 脳《ノウ》　脳波《のうは》を調《しら》べる。

⑥ 臓《ゾウ》　心臓《しんぞう》と血液《けつえき》。

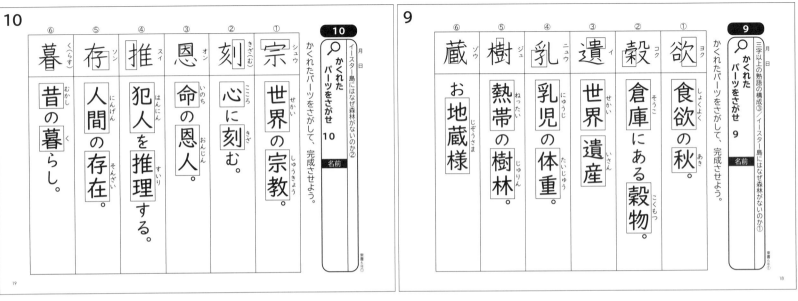

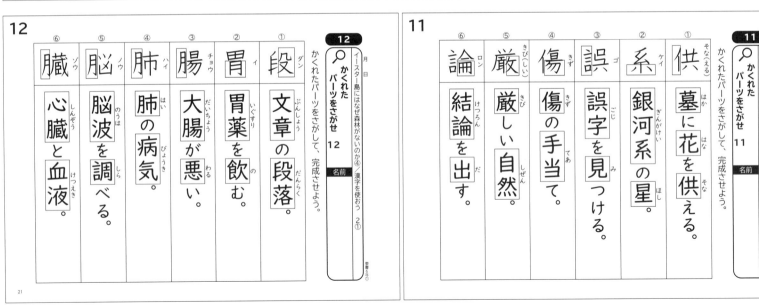

13

月　日

かくれたパーツをさがせ 13

名前

かくれたパーツをさがして、完成させよう。

① 舌《した》 — 舌《した》を出《だ》す。

② 私《シ》 — 私語《しご》を禁《きん》じる。

③ 危《キ》 — 危険《きけん》な動物《どうぶつ》。

④ 策《サク》 — 新《あたら》しい解決策《かいけつさく》。

⑤ 卵《たまご》 — ゆで卵《たまご》を食《た》べる。

⑥ 割《わり》 — 自然《しぜん》の役割《やくわり》。

14

月　日

かくれたパーツをさがせ 14

名前

かくれたパーツをさがして、完成させよう。

① 洗《セン》 — 清潔《せいけつ》な洗面所《せんめんじょ》。

② 机《つくえ》 — 教室《きょうしつ》の机《つくえ》。

③ 誕《タン》 — 妹《いもうと》の誕生日《たんじょうび》。

④ 砂《すな》 — 砂場《すなば》で遊《あそ》ぶ。

⑤ 糖《トウ》 — 糖分《とうぶん》と塩分《えんぶん》。

⑥ 暖《あたた(かい)》 — 暖《あたた》かい季節《きせつ》。

15

月　日

かくれたパーツをさがせ 15

名前

かくれたパーツをさがして、完成させよう。

① 若《わか(い)》 — 農家《のうか》の若者《わかもの》。

② 巻《カン》 — 巻末《かんまつ》の付録《ふろく》。

③ 訳《ヤク》 — 英語《えいご》の通訳《つうやく》。

④ 背《ハイ》 — 写真《しゃしん》の背景《はいけい》。

⑤ 片《かた》 — 片側《かたがわ》を通行《つうこう》する。

16

月　日

かくれたパーツをさがせ 16

名前

かくれたパーツをさがして、完成させよう。

① 処《ショ》 — 応急《おうきゅう》 処置《しょち》

② 誌《シ》 — 雑誌《ざっし》の表紙《ひょうし》。

③ 詞《シ》 — 作詞《さくし》と作曲《さっきょく》。

④ 誠《セイ》 — 誠心《せいしん》 誠意《せいい》

⑤ 忠《チュウ》 — 友《とも》からの忠告《ちゅうこく》。

⑥ 亡《ボウ》 — 興亡《こうぼう》の歴史《れきし》。

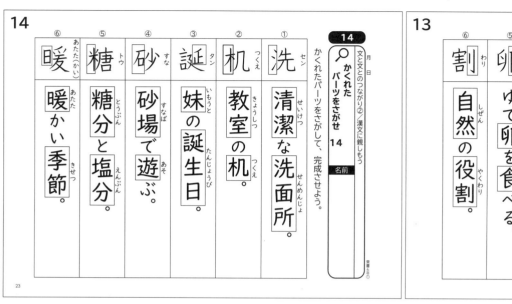

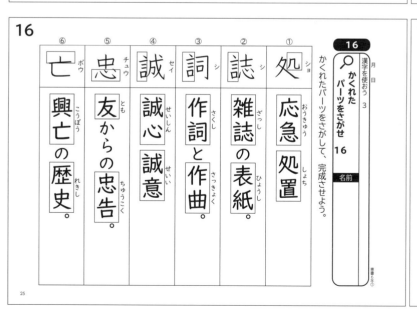

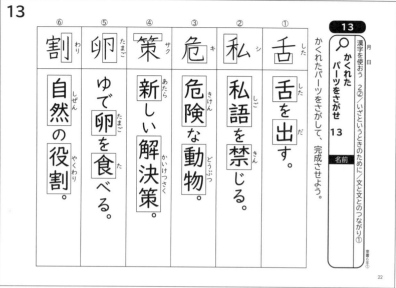

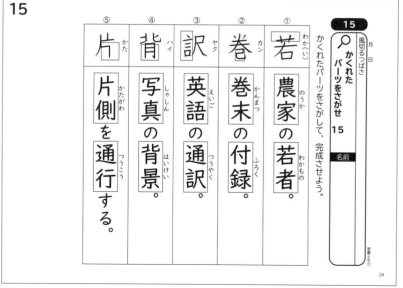

17

インターネットの投稿を読み比べよう　月　日

かくれたパーツをさがせ 17

名前

かくれたパーツをさがして、完成させよう。

①
担《タン》
担当《たんとう》する部分《ぶぶん》。

②
値《チ》
価値《かち》ある仕事《しごと》。

③
激《はげ(しい)》
激《はげ》しく流《なが》れる。

④
疑《うたが(う)》
人《ひと》を疑《うたが》う。

⑤
障《ショウ》
障子《しょうじ》を張《は》る。

東書6年①

26

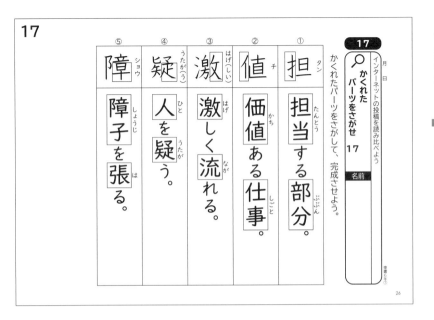

1学期の答え 18〜21

18

18 漢字足し算 1

たずね合って考えよう／さなぎたちの教室①

月　日　名前

漢字の足し算をしよう。

＊答えの漢字でことばを作ろう。

① ⺮＋門＋日＝簡 → 簡潔
② ⺮＋月＋力＝筋 → 筋肉
③ 穴＋ム＋心＝窓 → 窓辺
④ 木＋攵＝枚 → 枚数
⑤ 宀＋一＋日＋一＝宣 → 宣伝
⑥ 幺＋力＝幼 → 幼児
⑦ 廿＋口＋十＝革 → 革命
⑧ 亠＋里＋𧘇＝裏 → 裏側

東書6年②

27

19

19 漢字足し算 2

さなぎたちの教室②

月　日　名前

漢字の足し算をしよう。

＊答えの漢字でことばを作ろう。

① 丷＋一＋业＝並 → 並木
② 礻＋目＋儿＝視 → 近視
③ 疒＋マ＋用＝痛 → 苦痛
④ 艹＋句＋攵＝敬 → 敬遠
⑤ 产＋古＋攵＝敵 → 天敵
⑥ 阝＋夂＋㐄＝降 → 降参
⑦ 冫＋欠＋女＝姿 → 晴れ姿
⑧ 月＋勹＋メ＋凵＝胸 → 度胸

東書6年②

28

20

20 漢字足し算 3

さなぎたちの教室③／漢字を使おう1①

月　日　名前

漢字の足し算をしよう。

＊答えの漢字でことばを作ろう。

① 口＋乃＋丶＝吸 → 吸引
② 口＋丿＋半＝呼 → 連呼
③ 亡＋心＝忘 → 忘れ物
④ 門＋才＝閉 → 閉店
⑤ 良＋月＝朗 → 朗読
⑥ 人＋戸＋口＋刂＝創 → 創造
⑦ 衤＋月＋卜＝補 → 補給
⑧ 扌＋三＋丨＝拝 → 参拝

東書6年②

29

21

21 漢字足し算 4

漢字を使おう1②

月　日　名前

漢字の足し算をしよう。

＊答えの漢字でことばを作ろう。

① 缶＋丄＋阝＝郵 → 郵送
② 京＋尢＋丶＝就 → 就職
③ 亻＋二＝仁 → 仁愛
④ 亻＋圭＋𧘇＝俵 → 米俵
⑤ 糸＋工＝紅 → 紅葉
⑥ 糸＋宀＋亻＋百＝縮 → 短縮
⑦ 尸＋乀＝尺 → 尺度
⑧ 王＋刂＋王＝班 → 班長

東書6年②

30

22

22 漢字足し算 5

社会教育施設へ行こう／意見を聞いて考えよう

月　日

名前

漢字の足し算をしよう。

＊答えの漢字でことばを作ろう。

① 土＋口＋戈＝域 → 流域
② 尸＋廾＋𧘇＝展 → 発展
③ 乡＋艮＋阝＝郷 → 郷里
④ 日＋冂＋人＝映 → 映像
⑤ 臣＋𠂉＋見＝覧 → 観覧車
⑥ 田＋共＋八＝異 → 異性

東書6年②

31

23

23 漢字足し算 6

三字以上のじゅく語の構成①

月　日

名前

漢字の足し算をしよう。

＊答えの漢字でことばを作ろう。

① 古＋子＋丸＋灬＝熟 → 熟語
② 亻＋壬＋貝＝賃 → 家賃
③ 日＋月＋皿＝盟 → 同盟
④ 罒＋耂＋日＝署 → 署長
⑤ 艹＋句＋攵＋言＝警 → 警察
⑥ 天＋中＋一＝蚕 → 養蚕
⑦ 羊＋䒑＋口＝善 → 改善
⑧ 臣＋𠂉＋品＝臨 → 臨時

東書6年②

32

24

24 漢字足し算 7

三字以上の熟語の構成②／イースター島にはなぜ森林がないのか①

月　日

名前

漢字の足し算をしよう。

＊答えの漢字でことばを作ろう。

① 宀＋二＋亅＝宇 → 宇宙
② 宀＋由＝宙 → 宙づり
③ 仌＋口＋欠＝欲 → 意欲
④ 士＋冖＋禾＋殳＝穀 → 穀物
⑤ 虫＋貝＋辶＝遺 → 遺書
⑥ 爫＋子＋乚＝乳 → 牛乳
⑦ 木＋吉＋䒑＋寸＝樹 → 樹木
⑧ 艹＋厂＋臣＋戈＝蔵 → 冷蔵庫

東書6年②

33

25

25 漢字足し算 8

イースター島にはなぜ森林がないのか②

月　日

名前

漢字の足し算をしよう。

＊答えの漢字でことばを作ろう。

① 宀＋二＋小＝宗 → 宗教
② 亠＋亥＋刂＝刻 → 深刻
③ 冂＋大＋一＋心＝恩 → 恩返し
④ 扌＋隹＝推 → 推理
⑤ ナ＋丨＋子＝存 → 存在
⑥ 艹＋日＋大＋日＝暮 → 夕暮れ
⑦ 亻＋廾＋八＝供 → 提供
⑧ 丿＋幺＋小＝系 → 系図

東書6年②

34

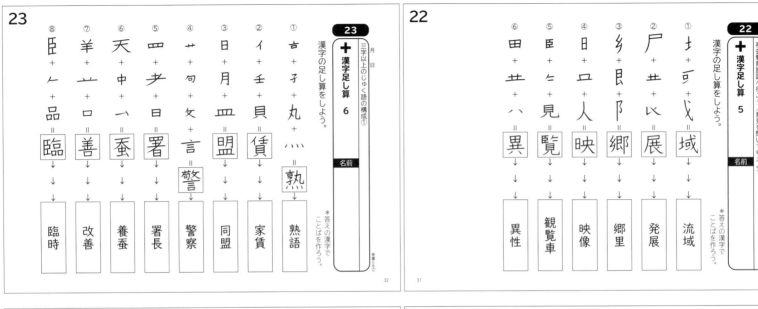

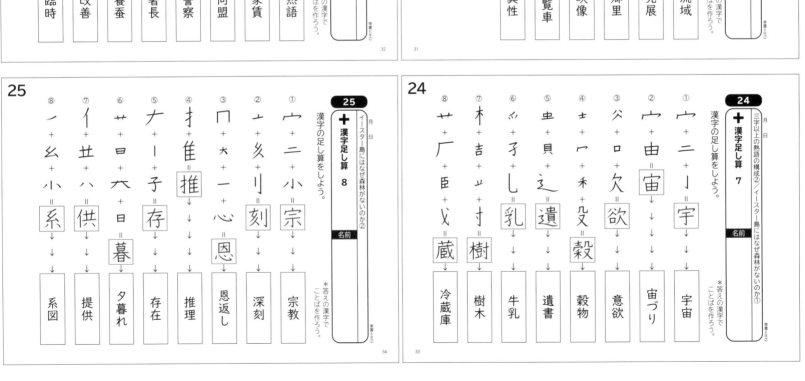

1学期の答え 26〜29

26

26 漢字足し算 9

イースター島にはなぜ森林がないのか③／漢字を使おう 2①

月 日

名前

漢字の足し算をしよう。

① 言＋口＋ユ＋八＝誤 → 誤解
② イ＋𠂉＋日＋勿＝傷 → 負傷
③ ⺍＋厂＋耳＋攵＝厳 → 厳禁
④ 言＋人＋一＋冊＝論 → 口論
⑤ 𠂢＋几＋又＝段 → 階段
⑥ 田＋月＝胃 → 胃薬
⑦ 月＋日＋勿＝腸 → 大腸
⑧ 月＋亠＋巾＝肺 → 心肺

＊答えの漢字でことばを作ろう。

東書6年②

35

27

27 漢字足し算 10

漢字を使おう 2②／いざというときのために

月 日

名前

漢字の足し算をしよう。

① 月＋⺍＋㐅＋凵＝脳 → 頭脳
② 月＋艹＋厍＋戈＝臓 → 臓器
③ 千＋口＝舌 → ねこ舌
④ 禾＋ム＝私 → 私服
⑤ ⺈＋厂＋㔾＝危 → 危ない
⑥ ⺮＋冂＋木＝策 → 対策

＊答えの漢字でことばを作ろう。

東書6年②

36

28

28 漢字足し算 11

文と文とのつながり／漢文に親しもう

月 日

名前

漢字の足し算をしよう。

① 𠂎＋卩＝卵 → 生卵
② 宀＋丰＋口＋刂＝割 → 時間割
③ 氵＋生＋儿＝洗 → 洗車
④ 木＋几＝机 → 長机
⑤ 言＋丿＋止＋廴＝誕 → 誕生
⑥ 石＋小＋丿＝砂 → 砂鉄
⑦ 米＋广＋⺕＋口＝糖 → 砂糖
⑧ 日＋爫＋一＋友＝暖 → 寒暖

＊答えの漢字でことばを作ろう。

東書6年②

37

29

29 漢字足し算 12

風切るつばさ／漢字を使おう 3①

月 日

名前

漢字の足し算をしよう。

① 艹＋ナ＋口＝若 → 若葉
② 龹＋人＋己＝巻 → 巻末
③ 言＋尸＋丶＝訳 → 通訳
④ 北＋月＝背 → 背後
⑤ 丿＋丄＋𠃌＝片 → 片道
⑥ 夂＋几＝処 → 処理
⑦ 言＋士＋心＝誌 → 雑誌
⑧ 言＋𠃌＋一＋口＝詞 → 歌詞

＊答えの漢字でことばを作ろう。

東書6年②

38

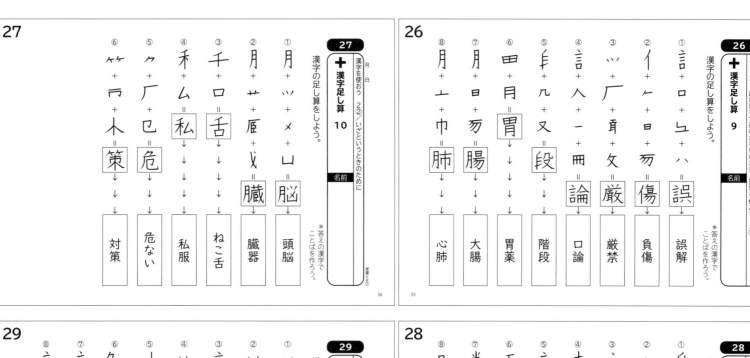

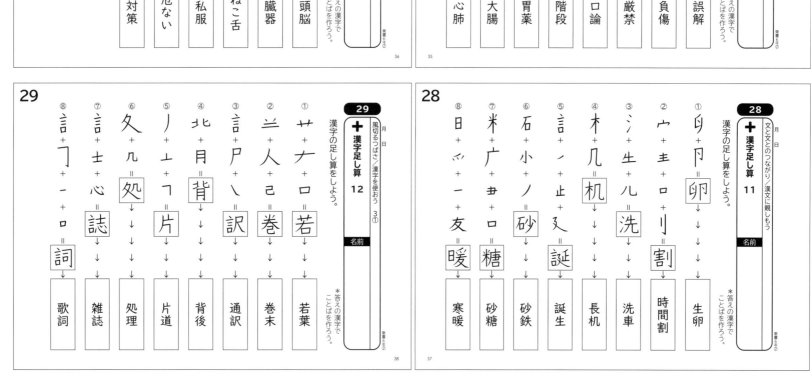

30

30

月　日

漢字を使おう　3②／インターネットの投稿を読み比べよう

漢字足し算　13

名前

漢字の足し算をしよう。

＊答えの漢字でことばを作ろう。

① 言＋万＋戈＝誠 → 誠実

② 中＋心＝忠 → 忠実

③ 亠＋乚＝亡 → 死亡

④ 扌＋日＋一＝担 → 担任

⑤ 亻＋直＋乚＝値 → 価値

⑥ 氵＋白＋方＋攵＝激 → 感激

⑦ ヒ＋矢＋マ＋疋＝疑 → 疑問

⑧ 阝＋立＋早＝障 → 故障

東書6年②

39

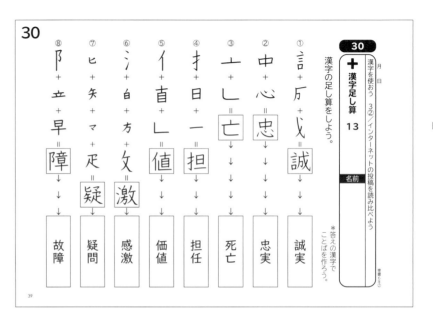

31

月　日

足りないのはどこ（形をよく見て）　1

たずね合って考えよう／さなぎたちの教室①

名前

足りないところを見つけて、正しく書こう。

① 簡《かん》潔《けつ》 → 簡潔
② 筋《きん》肉《にく》 → 筋肉
③ 窓《まど》辺《べ》 → 窓辺
④ 枚《まい》数《すう》 → 枚数
⑤ 宣《せん》伝《でん》 → 宣伝
⑥ 幼《よう》児《じ》 → 幼児
⑦ 革《かく》命《めい》 → 革命
⑧ 裏《うら》側《がわ》 → 裏側
⑨ 並《なみ》木《き》 → 並木
⑩ 近《きん》視《し》 → 近視
⑪ 苦《く》痛《つう》 → 苦痛
⑫ 敬《けい》遠《えん》 → 敬遠

東書6年③

32

月　日

足りないのはどこ（形をよく見て）　2

さなぎたちの教室②／漢字を使おう　1①

名前

足りないところを見つけて、正しく書こう。

① 天《てん》敵《てき》 → 天敵
② 降《こう》参《さん》 → 降参
③ 晴《は》れ姿《すがた》 → 晴れ姿
④ 度《ど》胸《きょう》 → 度胸
⑤ 呼《こ》吸《きゅう》 → 呼吸
⑥ 忘《わす》れ物《もの》 → 忘れ物
⑦ 閉《へい》店《てん》 → 閉店
⑧ 朗《ろう》読《どく》 → 朗読
⑨ 創《そう》造《ぞう》 → 創造
⑩ 補《ほ》給《きゅう》 → 補給
⑪ 参《さん》拝《ぱい》 → 参拝
⑫ 郵《ゆう》送《そう》 → 郵送

東書6年③

33

月　日

足りないのはどこ（形をよく見て）　3

漢字を使おう　1②／社会教育施設へ行こう／意見を聞いて考えよう

名前

足りないところを見つけて、正しく書こう。

① 就《しゅう》職《しょく》 → 就職
② 仁《じん》愛《あい》 → 仁愛
③ 米《こめ》俵《だわら》 → 米俵
④ 紅《こう》葉《よう》 → 紅葉
⑤ 縮《しゅく》尺《しゃく》 → 縮尺
⑥ 班《はん》長《ちょう》 → 班長
⑦ 流《りゅう》域《いき》 → 流域
⑧ 発《はっ》展《てん》 → 発展
⑨ 郷《きょう》里《り》 → 郷里
⑩ 映《えい》像《ぞう》 → 映像
⑪ 観《かん》覧《らん》車《しゃ》 → 観覧車
⑫ 異《い》性《せい》 → 異性

東書6年③

34

月　日

足りないのはどこ（形をよく見て）　4

三字以上のじゅくごの構成／イースター島にはなぜ森林がないのか①

名前

足りないところを見つけて、正しく書こう。

① 熟《じゅく》語《ご》 → 熟語
② 家《や》賃《ちん》 → 家賃
③ 同《どう》盟《めい》 → 同盟
④ 警《けい》察《さつ》 → 警察
⑤ 署《しょ》長《ちょう》 → 署長
⑥ 養《よう》蚕《さん》 → 養蚕
⑦ 改《かい》善《ぜん》 → 改善
⑧ 臨《りん》時《じ》 → 臨時
⑨ 宇《う》宙《ちゅう》 → 宇宙
⑩ 意《い》欲《よく》 → 意欲
⑪ 穀《こく》物《もつ》 → 穀物
⑫ 遺《い》書《しょ》 → 遺書

東書6年③

35

35 足りないのはどこ（形をよく見て）5

イースター島にはなぜ森林がないのか②

月 日 名前

東書6年③

足りないところを見つけて、正しく書こう。

① 牛《ぎゅう》孔《にゅう》 → 牛乳
② 樹《じゅ》才《もく》 → 樹木
③ 冷《れい》蔵《ぞう》車《こ》 → 冷蔵庫
④ 宗《しゅう》教《きょう》 → 宗教
⑤ 深《しん》刻《こく》 → 深刻
⑥ 恩《おん》返《がえ》し → 恩返し
⑦ 推《すい》埋《り》 → 推理
⑧ 存《そん》在《ざい》 → 存在
⑨ ク《ゆう》暮《ぐ》れ → 夕暮れ
⑩ 提《てい》供《きょう》 → 提供
⑪ 系《けい》図《ず》 → 系図
⑫ 誤《ご》解《かい》 → 誤解

44

36

36 足りないのはどこ（形をよく見て）6

イースター島にはなぜ森林がないのか③～いざというときのために

月 日 名前

東書6年③

足りないところを見つけて、正しく書こう。

① 負《ふ》傷《しょう》 → 負傷
② 厳《げん》禁《きん》 → 厳禁
③ 口《こう》論《ろん》 → 口論
④ 階《かい》段《だん》 → 階段
⑤ 胃《い》腸《ちょう》 → 胃腸
⑥ 心《しん》肺《ぱい》 → 心肺
⑦ 頭《ず》脳《のう》 → 頭脳
⑧ 臓《ぞう》哭《き》 → 臓器
⑨ ねこ古《じた》 → ねこ舌
⑩ 私《し》服《ふく》 → 私服
⑪ 厄《あぶ》ない → 危ない
⑫ 対《たい》策《さく》 → 対策

45

37

37 足りないのはどこ（形をよく見て）7

文と文とのつながり／漢文に親しもう／風切るつばさ

月 日 名前

東書6年③

足りないところを見つけて、正しく書こう。

① 主《なま》卯《たまご》 → 生卵
② 時《じ》間《かん》割《わり》 → 時間割
③ 先《せん》車《しゃ》 → 洗車
④ 長《なが》机《づくえ》 → 長机
⑤ 証《たん》主《じょう》 → 誕生
⑥ 砂《さ》糖《とう》 → 砂糖
⑦ 寒《かん》暖《だん》 → 寒暖
⑧ 苦《わか》葉《ば》 → 若葉
⑨ 巻《かん》木《まつ》 → 巻末
⑩ 通《つう》訳《やく》 → 通訳
⑪ 背《はい》後《ご》 → 背後
⑫ 片《かた》道《みち》 → 片道

46

38

38 足りないのはどこ（形をよく見て）8

漢字を使おう 3／インターネットの投稿を読み比べよう

月 日 名前

東書6年③

足りないところを見つけて、正しく書こう。

① 処《しょ》埋《り》 → 処理
② 雑《ざっ》誌《し》 → 雑誌
③ 歌《か》詞《し》 → 歌詞
④ 誠《せい》実《じつ》 → 誠実
⑤ 忠《ちゅう》実《じつ》 → 忠実
⑥ 死《し》亠《ぼう》 → 死亡
⑦ 担《たん》任《にん》 → 担任
⑧ 価《か》値《ち》 → 価値
⑨ 感《かん》激《げき》 → 感激
⑩ 疑《ぎ》問《もん》 → 疑問
⑪ 故《こ》障《しょう》 → 故障

47

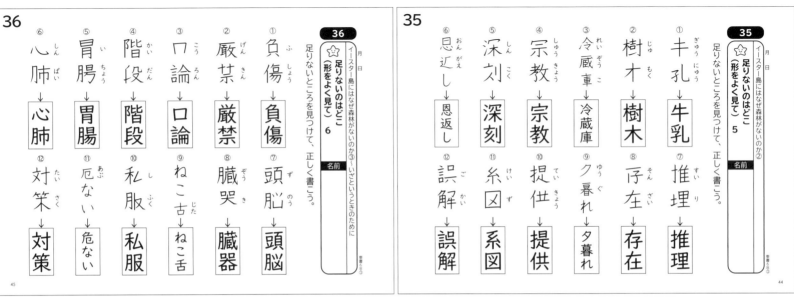

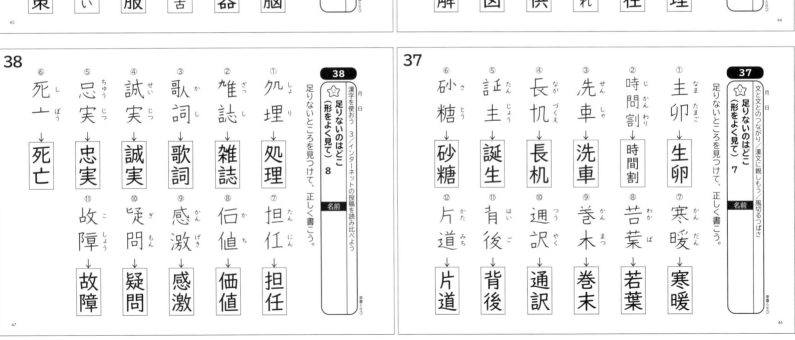

39

39
たずね合って考えよう／さなぎたちの教室①
漢字を入れよう 1
月　日　名前

文を読んで、ぴったりの漢字を入れよう。

①この料理は、とても簡単に作れる。
②ジムのトレーニングで、筋肉をきたえる。
③風が入るように、教室の窓を開けた。
④お年玉にもらった、千円札の枚数を数える。
⑤テレビで、新商品を宣伝している。
⑥かぶと虫の幼虫は、土の中にいる。
⑦新しい政府が、教育制度を改革する。
⑧このトランプを、二まい裏返してください。

ヒント　枚　筋　宣　窓　革　簡　裏　幼

東書6年④

48

40

40
さなぎたちの教室②
漢字を入れよう 2
月　日　名前

文を読んで、ぴったりの漢字を入れよう。

①男女に分かれて、二列に並びましょう。
②左目をかくして、右目の視力を測る。
③虫歯が痛いので、歯医者に行った。
④目上の人には、敬語を使って話す。
⑤今度の相手は強敵で、負けるかもしれない。
⑥今日は、午後から雨が降るでしょう。
⑦せ筋をのばして、姿勢良くすわる。
⑧良い結果が出そうで、期待に胸をふくらます。

ヒント　降　視　並　痛　敵　胸　姿　敬

東書6年④

49

41

41
さなぎたちの教室③／漢字を使おう 1①
漢字を入れよう 3
月　日　名前

文を読んで、ぴったりの漢字を入れよう。

①さわやかな朝、大きく息を吸いこんだ。
②名前を呼ばれた人は、前に来てください。
③宿題を忘れていたので、大急ぎでやった。
④目の前で、エレベーターのドアが閉まった。
⑤みんなの前で、作った詩を朗読する。
⑥明日は、学校の創立記念日で休みだ。
⑦お茶を飲んで、水分を補給する。
⑧お正月に、家族で神社を参拝する。

ヒント　吸　朗　忘　補　拝　創　呼　閉

東書6年④

50

42

42
漢字を使おう 1②
漢字を入れよう 4
月　日　名前

文を読んで、ぴったりの漢字を入れよう。

①はがきに、郵便番号と住所を書く。
②大学を卒業して、会社に就職する。
③「医は仁術なり。」という格言がある。
④力士は、土俵の上ですもうをとる。
⑤母が、鏡を見ながら口紅をぬる。
⑥服をあらったら、縮んで小さくなった。
⑦まき尺を使って、ろう下の長さを測る。
⑧グループごとに、班長を決める。

ヒント　仁　縮　班　紅　尺　就　郵　俵

東書6年④

51

43

月　日

社会教育施設へ行こう／意見を聞いて考えよう

漢字を入れよう 5

名前

文を読んで、ぴったりの漢字を入れよう。

① 今でも、戦争をしている国や地**域**がある。
② 村の歴史に関する資料が、**展**示されている。
③ 久しぶりに、父の故**郷**をおとずれる。
④ 大人気のアニメが、**映**画化された。
⑤ 遊園地で、日本一大きな観**覧**車に乗った。
⑥ 人それぞれに、**異**なる考えがある。

ヒント　映　覧　域　展　異　郷

東書6年④

44

月　日

三字以上のじゅく語の構成①

漢字を入れよう 6

名前

文を読んで、ぴったりの漢字を入れよう。

① 完**熟**のトマトを使って、イタリア料理を作る。
② バスの運**賃**箱に、お金を入れる。
③ 世界中の多くの国が、国連に加**盟**している。
④ 犯人を、**警**察官が取り囲んだ。
⑤ 消防**署**に、消防車と救急車が止まっている。
⑥ きぬ糸は、**蚕**のまゆから糸をとる。
⑦ 物事の**善**悪を考えて、行動する。
⑧ 今日は花火大会のため、**臨**時列車が出ます。

ヒント　警　蚕　署　賃　臨　盟　熟　善

東書6年④

45

月　日

三字以上の熟語の構成②／イースター島にはなぜ森林がないのか①

漢字を入れよう 7

名前

文を読んで、ぴったりの漢字を入れよう。

① 日本のロケットが、**宇**ちゅうへ飛び立つ。
② サーカスで、三回**宙**返りをする。
③ おいしそうなにおいに、食**欲**がそそられる。
④ 米や麦などの、**穀**物をたくさん食べる。
⑤ この建物は、世界**遺**産に登録されている。
⑥ 給食の時、毎日牛**乳**を飲んでいる。
⑦ 大通りの街路**樹**が、いっせいに色づいた。
⑧ 父が帰るまで、ケーキを冷**蔵**庫に入れておく。

ヒント　穀　遺　蔵　樹　宙　乳　宇　欲

東書6年④

46

月　日

イースター島にはなぜ森林がないのか②

漢字を入れよう 8

名前

文を読んで、ぴったりの漢字を入れよう。

① キリスト教などの、**宗**教について学ぶ。
② 大変なけがで、一**刻**を争う事態だ。
③ 助けてもらって、かれは命の**恩**人です。
④ 名たんていが、事件の犯人を**推**理する。
⑤ いたみやすい食品は、冷蔵庫で保**存**する。
⑥ 冬は、早く日が**暮**れて、もう真っ暗だ。
⑦ 祖父の墓に、お花を**供**えてお参りする。
⑧ 地球は、太陽**系**の三番目のわく星です。

ヒント　存　暮　恩　系　刻　宗　推　供

東書6年④

47

月　日

イースター島にはなぜ森林がないのか③／漢字を使おう　2①

漢字を入れよう　9

名前

文を読んで、ぴったりの漢字を入れよう。

①車の運転を**誤**って、ぶつけてしまう。

②消毒薬で、**傷**の手当てをする。

③この建物の中は、土足**厳**禁です。

④いくら話し合っても、結**論**が出ない。

⑤火事のときには、非常階**段**を使う。

⑥ご飯を食べ過ぎて、**胃**が苦しい。

⑦食べ物は、「い」から**腸**へ運ばれる。

⑧大きく息を吸って、**肺**活量を測る。

ヒント　論　段　胃　厳　誤　腸　肺　傷

東書6年④

48

月　日

漢字を使おう　2②／いざというときのために

漢字を入れよう　10

名前

文を読んで、ぴったりの漢字を入れよう。

①頭を打ったので、**脳**波を調べてもらった。

②心**臓**は、体中に血液を送るポンプです。

③スープが熱過ぎて、**舌**をやけどした。

④家に帰って、制服から**私**服に着がえる。

⑤池や川など、**危**険な場所には近寄らない。

⑥学級全員で、このことの解決**策**を考える。

ヒント　危　舌　臓　策　脳　私

東書6年④

49

月　日

文と文とのつながり／漢文に親しもう

漢字を入れよう　11

名前

文を読んで、ぴったりの漢字を入れよう。

①オムレツを作るのに、**卵**を二個使う。

②ガラスのコップを、落として**割**ってしまった。

③朝起きて、歯をみがいて、水で顔を**洗**う。

④教室の**机**の上に、教科書を出す。

⑤母の**誕**生日のお祝いに、ケーキを買う。

⑥妹は、公園の**砂**場で遊ぶのが好きだ。

⑦あまいものを食べずに、**糖**分をひかえる。

⑧今日は、春の日差しで、とても**暖**かい。

ヒント　砂　暖　洗　机　割　誕　糖　卵

東書6年④

50

月　日

風切るつばさ／漢字を使おう　3①

漢字を入れよう　12

名前

文を読んで、ぴったりの漢字を入れよう。

①このコンサートの来場者は、**若**者が多い。

②節分の日に、**巻**きずしを食べる。

③そんな勝手な言い**訳**は、聞きたくない。

④キリンは、首が長くて**背**が高い。

⑤うっかりして、手ぶくろの**片**方をなくす。

⑥部屋の中の、いらない物を**処**分する。

⑦駅の売店で、週刊**誌**を買って読んだ。

⑧あの歌手は、自分で作**詞**作曲をする。

ヒント　片　訳　巻　処　誌　背　若　詞

東書6年④

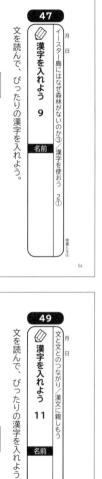

51

51

月　日

漢字を使おう　3②／インターネットの投稿を読み比べよう

漢字を入れよう　13

名前

文を読んで、ぴったりの漢字を入れよう。

①あの人は、うそをつかない**誠**実な人がらだ。

②先生の教えを、**忠**実に守っている。

③昨日の火事で、老人二人が死**亡**した。

④朝の会で、**担**任の先生が話をする。

⑤洋服の**値**札を見て、ねだんにおどろいた。

⑥台風で、雨風が急に**激**しくなる。

⑦どうしてだろうと、**疑**問がわいてくる。

⑧自動車が故**障**して、動かなくなった。

ヒント　亡　忠　疑　激　誠　値　担　障

東書6年④

60

2学期の答え

52～55

52

52

月　日

心の動きをはいくで表そう～漢字を使おう　4①

かくれたパーツをさがせ　18

名前

かくれたパーツをさがして、完成させよう。

① 俳《ハイ》　短歌《たんか》と俳句《はいく》。

② 探《さが(す)》　友達《ともだち》を探《さが》す。

③ 沿《エン》　沿岸《えんがん》漁業《ぎょぎょう》

④ 届《とど(く)》　心《こころ》に届《とど》く。

⑤ 株《かぶ》　株式《かぶしき》会社《がいしゃ》

⑥ 看《カン》　祖父《そふ》を看病《かんびょう》する。

東書6年①

62

53

53

月　日

漢字を使おう　4②／も型のまち①

かくれたパーツをさがせ　19

名前

かくれたパーツをさがして、完成させよう。

① 座《ザ》　座席《ざせき》を増《ふ》やす。

② 盛《も(る)》　大盛《おおも》りの料理《りょうり》。

③ 券《ケン》　食券《しょっけん》を買《か》う。

④ 専《セン》　お年寄《としよ》り専用《せんよう》。

⑤ 模《ボ》　規模《きぼ》が小《ちい》さい。

⑥ 純《ジュン》　単純《たんじゅん》な計算《けいさん》。

東書6年①

63

54

54

月　日

模型のまち②

かくれたパーツをさがせ　20

名前

かくれたパーツをさがして、完成させよう。

① 勤《キン》　会社《かいしゃ》に出勤《しゅっきん》する。

② 潮《しお》　潮《しお》の満《み》ち引《ひ》き。

③ 骨《ほね》　動物《どうぶつ》の骨《ほね》。

④ 棒《ボウ》　鉄棒《てつぼう》で遊《あそ》ぶ。

⑤ 穴《あな》　穴場《あなば》の店《みせ》。

⑥ 層《ソウ》　地層《ちそう》を調《しら》べる。

東書6年①

64

55

55

月　日

模型のまち③／漢字を使おう　5

かくれたパーツをさがせ　21

名前

かくれたパーツをさがして、完成させよう。

① 奮《ふる(う)》　勇気《ゆうき》を奮《ふる》う。

② 延《エン》　延長戦《えんちょうせん》で敗《やぶ》れる。

③ 銭《セン》　銭湯《せんとう》に行《い》く。

④ 鋼《コウ》　鋼鉄《こうてつ》の機械《きかい》。

⑤ 批《ヒ》　批評《ひひょう》の言葉《ことば》。

⑥ 操《ソウ》　体操《たいそう》の競技《きょうぎ》。

東書6年①

65

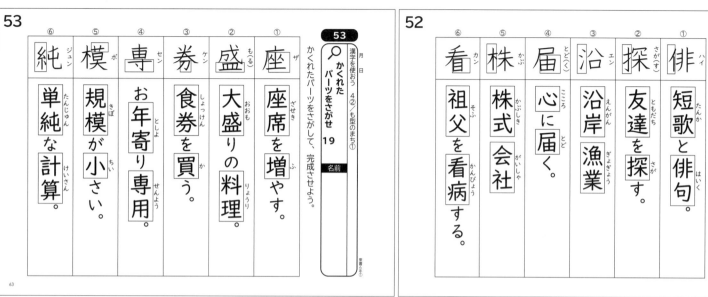

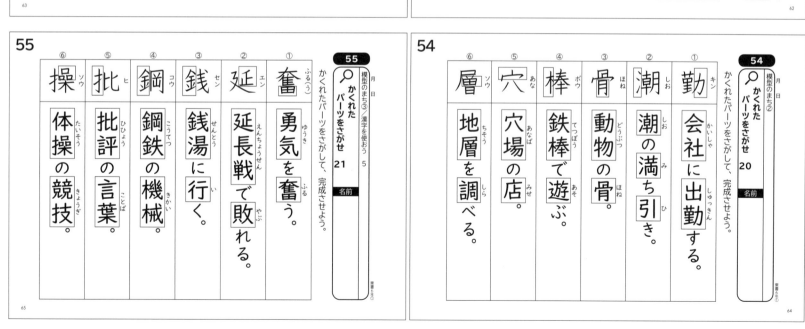

56

56 月 日 「永遠のごみ」プラスチック① かくれたパーツをさがせ 22 名前

かくれたパーツをさがして、完成させよう。

①	困	こま(る)	困《こま》り果《は》てる。
②	収	おさ(める)	成功《せいこう》を収《おさ》める。
③	捨	す(てる)	ごみ捨《す》て禁止《きんし》。
④	装	ソウ	登山《とざん》の装備《そうび》。
⑤	源	ゲン	ゲーム機《き》の電源《でんげん》。
⑥	律	リツ	法律《ほうりつ》を守《まも》る。

57

57 月 日 「永遠のごみ」プラスチック②〜漢字を使おう 6① かくれたパーツをさがせ 23 名前

かくれたパーツをさがして、完成させよう。

①	従	したが(う)	指示《しじ》に従《したが》う。
②	済	サイ	政治《せいじ》と経済《けいざい》。
③	著	チョ	小説《しょうせつ》の著者《ちょしゃ》。
④	権	ケン	権利《けんり》と義務《ぎむ》。
⑤	冊	サツ	本《ほん》を三冊《さんさつ》借《か》りる。
⑥	腹	はら	腹《はら》が立《た》つ話《はなし》。

58

58 月 日 漢字を使おう 6② かくれたパーツをさがせ 24 名前

かくれたパーツをさがして、完成させよう。

①	縦	たて	箱《はこ》の縦横《たてよこ》を測《はか》る。
②	納	おさ(める)	商品《しょうひん》を納《おさ》める。
③	秘	ヒ	神秘的《しんぴてき》な話《はなし》。
④	密	ミツ	密接《みっせつ》な関係《かんけい》。
⑤	派	ハ	立派《りっぱ》な演説《えんぜつ》。
⑥	泉	いずみ	森《もり》に泉《いずみ》がわく。

59

59 月 日 複合語 かくれたパーツをさがせ 25 名前

かくれたパーツをさがして、完成させよう。

①	訪	たず(ねる)	外国《がいこく》を訪《たず》ねる。
②	絹	きぬ	絹織物《きぬおりもの》
③	除	ジョ	道路《どうろ》の除雪《じょせつ》。
④	宅	タク	自宅《じたく》に帰《かえ》る。
⑤	蒸	ジョウ	蒸気《じょうき》機関車《きかんしゃ》
⑥	聖	セイ	聖火《せいか》が燃《も》える。

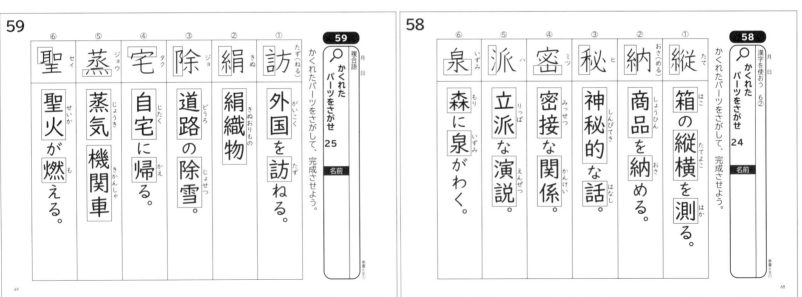

2学期の答え

60〜63

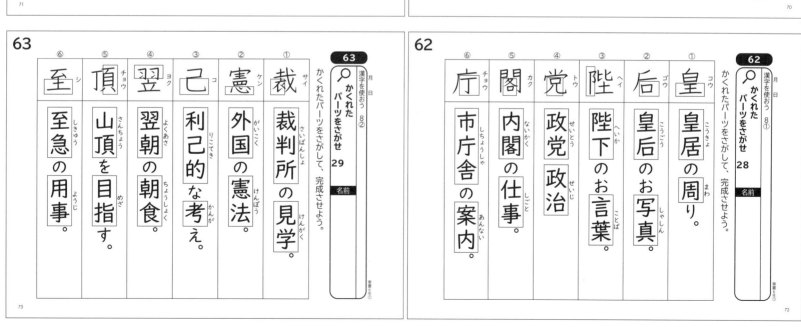

60

60 海のいのち／漢字を使おう 7①　月　日

かくれたパーツをさがせ 26

名前

かくれたパーツをさがして、完成させよう。

① 針 シン — 時計《とけい》の秒針《びょうしん》。
② 宝 ホウ — 美《うつく》しい宝石《ほうせき》。
③ 灰 はい — 灰色《はいいろ》の洋服《ようふく》。
④ 優 ユウ — 大会《たいかい》で優勝《ゆうしょう》する。
⑤ 乱 ラン — 民族《みんぞく》の反乱《はんらん》。
⑥ 染 そ(める) — 真《ま》っ赤《か》に染《そ》める。

東書6年①

70

61

61 漢字を使おう 7②　月　日

かくれたパーツをさがせ 27

名前

かくれたパーツをさがして、完成させよう。

① 預 あず(ける) — 荷物《にもつ》を預《あず》ける。
② 退 タイ — 父《ちち》が退院《たいいん》する。
③ 寸 スン — 寸法《すんぽう》を測《はか》る。
④ 射 い(る) — 矢《や》を射《い》る。
⑤ 磁 ジ — 磁石《じしゃく》の南北《なんぼく》。

東書6年①

71

62

62 漢字を使おう 8①　月　日

かくれたパーツをさがせ 28

名前

かくれたパーツをさがして、完成させよう。

① 皇 コウ — 皇居《こうきょ》の周《まわ》り。
② 后 ゴウ — 皇后《こうごう》のお写真《しゃしん》。
③ 陛 ヘイ — 陛下《へいか》のお言葉《ことば》。
④ 党 トウ — 政党《せいとう》　政治《せいじ》
⑤ 閣 カク — 内閣《ないかく》の仕事《しごと》。
⑥ 庁 チョウ — 市庁舎《しちょうしゃ》の案内《あんない》。

東書6年①

72

63

63 漢字を使おう 8②　月　日

かくれたパーツをさがせ 29

名前

かくれたパーツをさがして、完成させよう。

① 裁 サイ — 裁判所《さいばんしょ》の見学《けんがく》。
② 憲 ケン — 外国《がいこく》の憲法《けんぽう》。
③ 己 コ — 利己的《りこてき》な考《かんが》え。
④ 翌 ヨク — 翌朝《よくあさ》の朝食《ちょうしょく》。
⑤ 頂 チョウ — 山頂《さんちょう》を目指《めざ》す。
⑥ 至 シ — 至急《しきゅう》の用事《ようじ》。

東書6年①

73

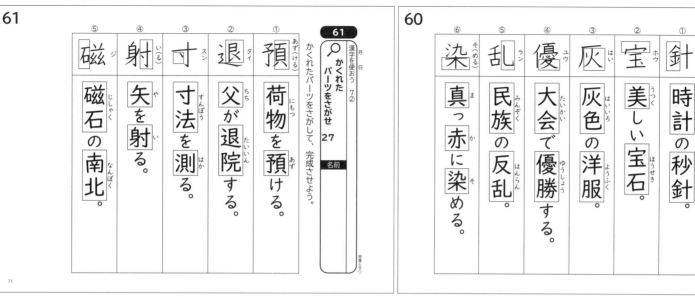

64

64 漢字足し算 14

心の動きをはい句で表そう／漢字を使おう 4①

月　日　名前

漢字の足し算をしよう。

＊答えの漢字でことばを作ろう。

- ① 亻＋扌＋⺊＝俳 → 俳句
- ② 扌＋冖＋儿＋木＝探 → 探検
- ③ 氵＋八＋口＝沿 → 沿岸
- ④ 尸＋由＝届 → 届け物
- ⑤ 木＋𠂉＋木＝株 → 株主
- ⑥ 三＋ノ＋目＝看 → 看板
- ⑦ 广＋人＋人＋土＝座 → 星座
- ⑧ 厂＋戈＋皿＝盛 → 山盛り

東書6年②

65

65 漢字足し算 15

漢字を使おう 4②／も型のまち①

月　日　名前

漢字の足し算をしよう。

＊答えの漢字でことばを作ろう。

- ① ⺌＋二＋人＋刀＝券 → 商品券
- ② 一＋由＋寸＝専 → 専門
- ③ 木＋艹＋日＋大＝模 → 模型
- ④ 糸＋凵＋乚＝純 → 純金
- ⑤ 艹＋里＋力＝勤 → 通勤
- ⑥ 氵＋𠦝＋月＝潮 → 風潮
- ⑦ 冎＋冖＋月＝骨 → 骨折
- ⑧ 木＋夫＋キ＝棒 → 金棒

東書6年②

66

66 漢字足し算 16

模型のまち②／漢字を使おう 5

月　日　名前

漢字の足し算をしよう。

＊答えの漢字でことばを作ろう。

- ① 宀＋八＝穴 → 穴場
- ② 尸＋⺌＋田＋日＝層 → 断層
- ③ 大＋隹＋田＝奮 → 興奮
- ④ ノ＋止＋廴＝延 → 延期
- ⑤ 金＋三＋戈＝銭 → 金銭
- ⑥ 金＋冂＋並＝鋼 → 鉄鋼業
- ⑦ 扌＋匕＋匕＝批 → 批判
- ⑧ 扌＋品＋木＝操 → 操作

東書6年②

67

67 漢字足し算 17

「永遠のごみ」プラスチック

月　日　名前

漢字の足し算をしよう。

＊答えの漢字でことばを作ろう。

- ① 冂＋木＋一＝困 → 困り顔
- ② 丩＋又＝収 → 収集
- ③ 扌＋人＋土＋口＝捨 → 捨て身
- ④ 丬＋士＋衣＝装 → 服装
- ⑤ 氵＋厂＋白＋小＝源 → 資源
- ⑥ 彳＋ヨ＋キ＝律 → 規律
- ⑦ 彳＋⺌＋疋＝従 → 従業員
- ⑧ 氵＋文＋月＝済 → 返済

東書6年②

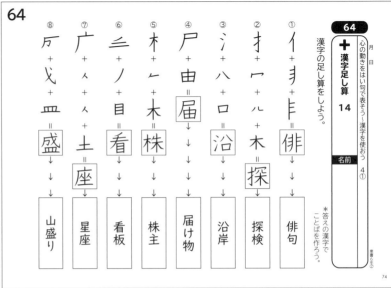

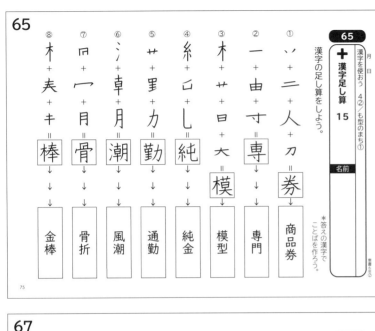

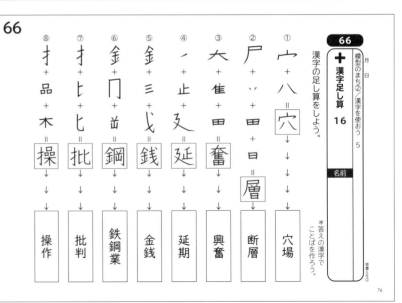

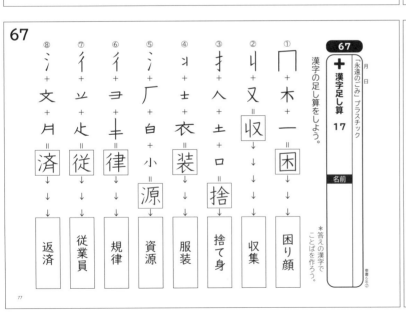

2学期の答え

68〜71

68

68 情報の信頼性とちょ作けん〜漢字を使おう 6①　月　日

漢字足し算 18

名前

漢字の足し算をしよう。

＊答えの漢字でことばを作ろう。

① 艹 ＋ 耂 ＋ 日 ＝ 著 → 著書
② 木 ＋ 𠂉 ＋ 隹 ＝ 権 → 権力
③ 冂 ＋ ‖ ＋ 一 ＝ 冊 → 別冊
④ 月 ＋ 𠂉 ＋ 日 ＋ 夂 ＝ 腹 → 満腹
⑤ 糸 ＋ 彳 ＋ 䒑 ＋ 龰 ＝ 縦 → 縦断
⑥ 糸 ＋ 冂 ＋ 人 ＝ 納 → 納税
⑦ 禾 ＋ ソ ＋ 心 ＝ 秘 → 秘密
⑧ 宀 ＋ 必 ＋ 山 ＝ 密 → 密集

東書6年②

78

69

69 漢字を使おう 6②／複合語　月　日

漢字足し算 19

名前

漢字の足し算をしよう。

＊答えの漢字でことばを作ろう。

① 氵 ＋ 𠂆 ＋ 乀 ＝ 派 → 特派員
② 白 ＋ 亅 ＋ 八 ＝ 泉 → 温泉
③ 言 ＋ 亠 ＋ 力 ＝ 訪 → 訪問
④ 糸 ＋ 口 ＋ 月 ＝ 絹 → 絹糸
⑤ 阝 ＋ 𠆢 ＋ 朩 ＝ 除 → 除外
⑥ 宀 ＋ 二 ＋ 乚 ＝ 宅 → 住宅
⑦ 艹 ＋ 氶 ＋ 一 ＋ 灬 ＝ 蒸 → 蒸発
⑧ 耳 ＋ 口 ＋ 王 ＝ 聖 → 聖書

東書6年②

79

70

70 海のいのち／漢字を使おう 7①　月　日

漢字足し算 20

名前

漢字の足し算をしよう。

＊答えの漢字でことばを作ろう。

① 𠆢 ＋ 王 ＋ 十 ＝ 針 → 方針
② 宀 ＋ 王 ＋ 丶 ＝ 宝 → 財宝
③ 厂 ＋ 丷 ＋ 人 ＝ 灰 → 灰色
④ 亻 ＋ 百 ＋ 心 ＋ 夂 ＝ 優 → 優先
⑤ 丿 ＋ 古 ＋ 乚 ＝ 乱 → 混乱
⑥ 氵 ＋ 九 ＋ 木 ＝ 染 → 染め物
⑦ マ ＋ 了 ＋ 𠂉 ＋ 貝 ＝ 預 → 預金
⑧ 艮 ＋ く ＋ 辶 ＝ 退 → 退場

東書6年②

80

71

71 漢字を使おう 7②／漢字を使おう 8①　月　日

漢字足し算 21

名前

漢字の足し算をしよう。

＊答えの漢字でことばを作ろう。

① 一 ＋ 亅 ＋ 丶 ＝ 寸 → 寸法
② 身 ＋ ノ ＋ 寸 ＝ 射 → 注射
③ 石 ＋ 䒑 ＋ 幺 ＋ 幺 ＝ 磁 → 磁力
④ 白 ＋ 王 ＝ 皇 → 天皇
⑤ 𠂆 ＋ 一 ＋ 口 ＝ 后 → 皇后
⑥ 阝 ＋ 比 ＋ 土 ＝ 陛 → 陛下
⑦ 𣥂 ＋ 口 ＋ 儿 ＝ 党 → 党首
⑧ 門 ＋ 夂 ＋ 口 ＝ 閣 → 天守閣

東書6年②

81

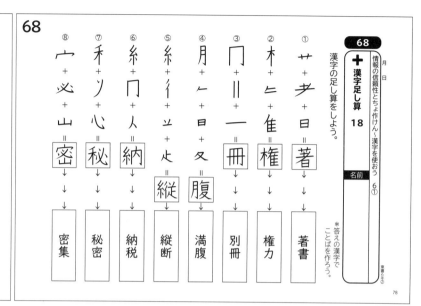

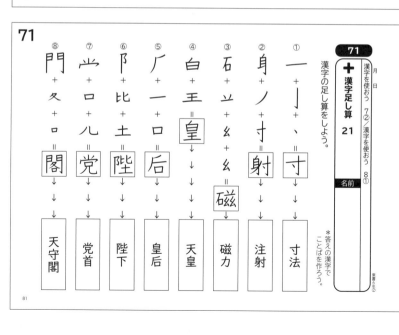

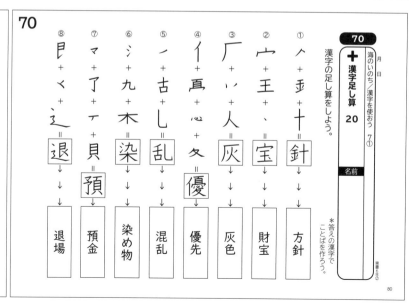

72

72

漢字を使おう 8②

月　日

漢字足し算 22

名前

漢字の足し算をしよう。

＊答えの漢字でことばを作ろう。

① 广 ＋ 丁 ＝ 庁 → 県庁

② 土 ＋ 衣 ＋ 戈 ＝ 裁 → 裁く

③ 宀 ＋ 圭 ＋ 罒 ＋ 心 ＝ 憲 → 憲法

④ コ ＋ し ＝ 己 → 自己

⑤ 羽 ＋ 立 ＝ 翌 → 翌日

⑥ 丁 ＋ ア ＋ 貝 ＝ 頂 → 頂点

⑦ 一 ＋ 厶 ＋ 土 ＝ 至 → 冬至

東書6年②

82

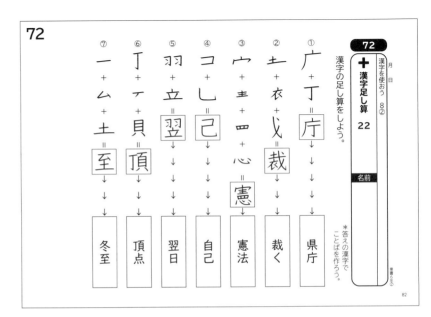

73

心の動きをはいくで表そう～もけいのまち①

月　日

足りないのはどこ（形をよく見て）9

名前

足りないところを見つけて、正しく書こう。

① （はいく）→ 俳句
② （たんけん）→ 探検
③ （えんがん）→ 沿岸
④ （とどけもの）→ 届け物
⑤ （かぶぬし）→ 株主
⑥ （かんばん）→ 看板
⑦ （せいざ）→ 星座
⑧ （やまもり）→ 山盛り
⑨ （しょうひんけん）→ 商品券
⑩ （せんもん）→ 専門
⑪ （もけい）→ 模型
⑫ （じゅんきん）→ 純金

東書6年③

83

74

模型のまち②／漢字を使おう5

月　日

足りないのはどこ（形をよく見て）10

名前

足りないところを見つけて、正しく書こう。

① （つうきん）→ 通勤
② （ふうちょう）→ 風潮
③ （こっせつ）→ 骨折
④ （かなぼう）→ 金棒
⑤ （あなば）→ 穴場
⑥ （だんそう）→ 断層
⑦ （こうふん）→ 興奮
⑧ （えんき）→ 延期
⑨ （きんせん）→ 金銭
⑩ （てっこうぎょう）→ 鉄鋼業
⑪ （ひはん）→ 批判
⑫ （そうさ）→ 操作

東書6年③

84

75

「永遠のごみ」プラスチック～漢字を使おう6①

月　日

足りないのはどこ（形をよく見て）11

名前

足りないところを見つけて、正しく書こう。

① （こまりがお）→ 困り顔
② （しゅうしゅう）→ 収集
③ （すてみ）→ 捨て身
④ （ふくそう）→ 服装
⑤ （しげん）→ 資源
⑥ （きりつ）→ 規律
⑦ （じゅうぎょういん）→ 従業員
⑧ （へんさい）→ 返済
⑨ （ちょしょ）→ 著書
⑩ （けんりょく）→ 権力
⑪ （べっさつ）→ 別冊
⑫ （まんぷく）→ 満腹

東書6年③

85

76

漢字を使おう6②／複合語

月　日

足りないのはどこ（形をよく見て）12

名前

足りないところを見つけて、正しく書こう。

① （じゅうだん）→ 縦断
② （のうぜい）→ 納税
③ （ひみつ）→ 秘密
④ （みっしゅう）→ 密集
⑤ （とくはいん）→ 特派員
⑥ （おんせん）→ 温泉
⑦ （ほうもん）→ 訪問
⑧ （きぬいと）→ 絹糸
⑨ （じょがい）→ 除外
⑩ （じゅうたく）→ 住宅
⑪ （じょうはつ）→ 蒸発
⑫ （せいしょ）→ 聖書

東書6年③

86

77

77　月　日

海のいのち／漢字を使おう 7

足りないのはどこ（形をよく見て）13

名前

足りないところを見つけて、正しく書こう。

① 万針《ほうしん》 → 方針
② 財宝《ざいほう》 → 財宝
③ 仄色《はいいろ》 → 灰色
④ 優先《ゆうせん》 → 優先
⑤ 混乱《こんらん》 → 混乱
⑥ 染《そ》め物《もの》 → 染め物
⑦ 預金《よきん》 → 預金
⑧ 退場《たいじょう》 → 退場
⑨ 寸法《すんぽう》 → 寸法
⑩ 注射《ちゅうしゃ》 → 注射
⑪ 磁刀《じりょく》 → 磁力

東書6年③

87

78

78　月　日

漢字を使おう 8

足りないのはどこ（形をよく見て）14

名前

足りないところを見つけて、正しく書こう。

① 大皇《てんのう》 → 天皇
② 皇后《こうごう》 → 皇后
③ 陛下《へいか》 → 陛下
④ 党首《とうしゅ》 → 党首
⑤ 大守閣《てんしゅかく》 → 天守閣
⑥ 県庁《けんちょう》 → 県庁
⑦ 裁《さば》く → 裁く
⑧ 憲法《けんぽう》 → 憲法
⑨ 目己《じこ》 → 自己
⑩ 翌口《よくじつ》 → 翌日
⑪ 頂点《ちょうてん》 → 頂点
⑫ 冬王《とうじ》 → 冬至

東書6年③

88

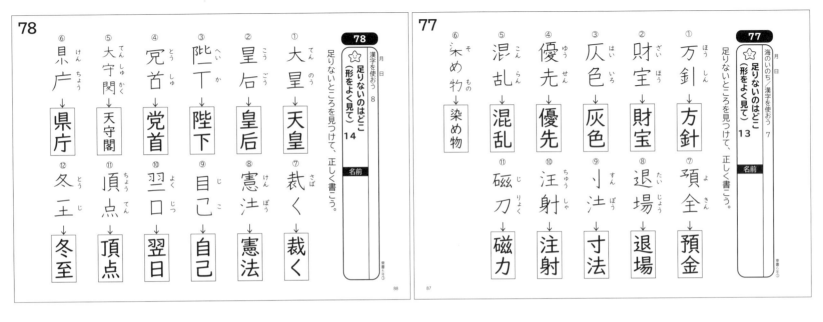

79

79 月 日 心の動きをはい句で表そう～漢字を使おう 4①
漢字を入れよう 14
名前

文を読んで、ぴったりの漢字を入れよう。

①「五・七・五」の言葉で、俳句を考える。
②熱帯のジャングルの中を、探検する。
③夕日を見ながら、海沿いの道を走る。
④友達の家に、プレゼントを届ける。
⑤森の中で、木の切り株にすわる。
⑥母が、病気の弟の看病をする。
⑦夜空に、冬の星座が光っている。
⑧大きなお皿に、料理を盛りつける。

ヒント 探 盛 座 俳 看 沿 株 届

東書6年④

89

80

80 月 日 漢字を使おう 4②／も型のまち①
漢字を入れよう 15
名前

文を読んで、ぴったりの漢字を入れよう。

①博物館の入口で、入場券を見せる。
②この道は、九時までバス専用レーンです。
③母に、水玉模様のスカーフを買った。
④この置物は、純金製でとても高価だ。
⑤母は、生命保険の会社に勤めている。
⑥海岸で、潮風にふかれて気持ちがよい。
⑦自転車で転んで、足の骨を折る。
⑧鉄棒で、連続逆上がりを練習する。

ヒント 潮 券 勤 専 純 骨 模 棒

東書6年④

90

81

81 月 日 模型のまち②／漢字を使おう 5
漢字を入れよう 16
名前

文を読んで、ぴったりの漢字を入れよう。

①いたずらで、砂場に落とし穴をほる。
②東京には、高層ビルがたくさん建っている。
③オリンピックで、日本の金メダルに興奮する。
④台風のために、運動会が延期になる。
⑤一万円札ではらって、つり銭を受け取る。
⑥この岩は、鋼鉄のようにかたい。
⑦自分の事はさておいて、友人を批判する。
⑧体育の初めに、準備体操をする。

ヒント 操 穴 鋼 批 延 層 奮 銭

東書6年④

91

82

82 月 日 「永遠のごみ」プラスチック
漢字を入れよう 17
名前

文を読んで、ぴったりの漢字を入れよう。

①うまくいかなくて、ほとほと困り果てる。
②子ども会で、古新聞を回収している。
③ごみ箱の中のごみを、全部捨てる。
④犯人が、ぼうしとサングラスで変装する。
⑤リモコンで、テレビの電源を入れる。
⑥国民は、法律を守る義務がある。
⑦家来が、王様の命令に従う。
⑧時間が無く、大急ぎで朝食を済ませる。

ヒント 済 困 捨 律 従 収 源 装

東書6年④

92

83

月　日

情報の信頼性とちょ作けん〜漢字を使おう 6①

漢字を入れよう 18

名前

文を読んで、ぴったりの漢字を入れよう。

①この本の著者に、サインをもらった。

②本を書いた人の、権利を守る。

③図書室で、日本の歴史の本を二冊借りた。

④ご飯を三ばいも食べたので、満腹です。

⑤横書きではなくて、縦書きで書いてください。

⑥銀行から、国に税金を納める。

⑦森の中で、神秘的な光景を目にする。

⑧二つの国は、密接な関係にある。

ヒント　密　縦　著　権　腹　秘　納　冊

東書6年④

93

84

月　日

漢字を使おう 6②／複合語

漢字を入れよう 19

名前

文を読んで、ぴったりの漢字を入れよう。

①海外の特派員が、ニュースを伝える。

②有名な温泉に入って、のんびり過ごす。

③来週は、先生の家庭訪問がある。

④シルクロードを通って、絹織物が運ばれた。

⑤大雪で、除雪の作業に追われる。

⑥祖父の家に、荷物を宅配便で送る。

⑦けむりをはいて、蒸気機関車が走る。

⑧オリンピックの、聖火ランナーを務める。

ヒント　絹　訪　派　蒸　除　宅　泉　聖

東書6年④

94

85

月　日

海のいのち／漢字を使おう 7①

漢字を入れよう 20

名前

文を読んで、ぴったりの漢字を入れよう。

①時計の針が、ちょうど十二時を指す。

②この仏像は、国宝に指定されている。

③火山がふん火して、街に火山灰が積もる。

④運動会で、赤組が優勝した。

⑤かたづけないので、部屋が乱雑になる。

⑥夕焼けで、西の空が真っ赤に染まる。

⑦母が、銀行にお金を預けに行く。

⑧入院していた父が、今日退院する。

ヒント　染　優　預　乱　宝　灰　退　針

東書6年④

95

86

月　日

漢字を使おう 7②／漢字を使おう 8①

漢字を入れよう 21

名前

文を読んで、ぴったりの漢字を入れよう。

①一寸の虫にも、五分のたましい。

②インフルエンザの、予防注射を受ける。

③方位磁石で、南の方角をさがす。

④天皇のお住まいを、皇居と言う。

⑤天のうと、こう后のお写真。

⑥天のう陛下の、お言葉をいただく。

⑦選挙で、投票する政党を選ぶ。

⑧新しい内閣総理大臣が、演説をする。

ヒント　党　陛　皇　寸　后　磁　射　閣

東書6年④

96

87

87

漢字を使おう 8② 東書6年④

月　日

漢字を入れよう 22

名前

文を読んで、ぴったりの漢字を入れよう。

① 気象［庁］が、台風の予報を出す。

② 明日、この事件の［裁］判が開かれる。

③ 五月三日は、［憲］法記念日です。

④ 新しいクラスで、自［己］しょうかいをする。

⑤ 早くねた日の［翌］朝は、早く目が覚める。

⑥ 二時間かかって、山の［頂］上にたどり着く。

⑦ 急ぐので、［至］急、先生に知らせてください。

ヒント　頂　翌　己　裁　憲　庁　至

97

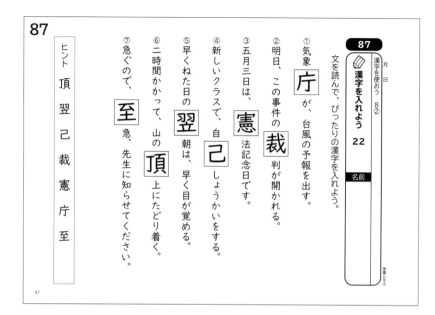

88

古典芸能への招待状

88 かくれたパーツをさがせ 30

月　日　名前

かくれたパーツをさがして、完成させよう。

① 劇《ゲキ》　歴史《れきし》のある劇場《げきじょう》。

② 奏《ソウ》　合奏《がっそう》と合唱《がっしょう》。

③ 揮《キ》　楽団《がくだん》の指揮者《しきしゃ》。

④ 衆《シュウ》　公衆《こうしゅう》電話《でんわ》

⑤ 承《ショウ》　伝承《でんしょう》遊《あそ》び

東書6年①

89

宇宙への思い①

89 かくれたパーツをさがせ 31

月　日　名前

かくれたパーツをさがして、完成させよう。

① 将《ショウ》　将来《しょうらい》の夢《ゆめ》。

② 否《ヒ》　否定《ひてい》の立場《たちば》。

③ 認《みと(める)》　実力《じつりょく》を認《みと》める。

④ 尊《とうと(い)》　尊《とうと》い神《かみ》。

⑤ 難《むずか(しい)》　難《むずか》しい仕事《しごと》。

東書6年①

90

宇宙への思い②／漢字を使おう　9①

90 かくれたパーツをさがせ 32

月　日　名前

かくれたパーツをさがして、完成させよう。

① 我《われ》　我《われ》は海《うみ》の子《こ》。

② 貴《キ》　貴重《きちょう》な金属《きんぞく》。

③ 諸《ショ》　世界《せかい》諸国《しょこく》

④ 孝《コウ》　親孝行《おやこうこう》な若者《わかもの》。

⑤ 干《ほ(す)》　梅干《うめぼ》しを食《た》べる。

東書6年①

91

漢字を使おう　9②／どう立ち向かう？　もしもの世界

91 かくれたパーツをさがせ 33

月　日　名前

かくれたパーツをさがして、完成させよう。

① 晩《バン》　晩《ばん》ご飯《はん》の前《まえ》。

② 幕《マク》　プロ野球《やきゅう》の開幕《かいまく》。

③ 垂《た(れる)》　雨水《あまみず》が垂《た》れる。

④ 討《トウ》　問題点《もんだいてん》の検討《けんとう》。

⑤ 拡《カク》　広場《ひろば》の拡張《かくちょう》。

東書6年①

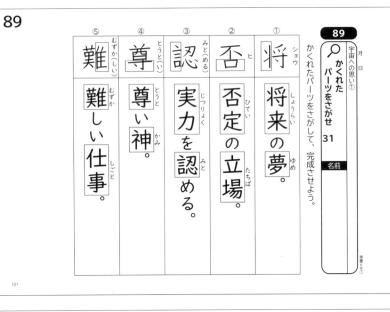

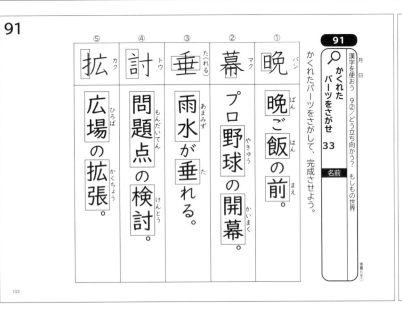

92

92 古典芸能への招待状 月 日

漢字足し算 23

名前

漢字の足し算をしよう。

＊答えの漢字でことばを作ろう。

① 虍＋七＋豕＋刂＝劇 → 演劇

② 三＋人＋天＝奏 → 演奏

③ 扌＋冖＋車＝揮 → 発揮

④ 血＋亻＋彡＋く＝衆 → 観衆

⑤ 了＋三＋八＝承 → 承知

東書6年②

104

93

93 宇宙への思い 月 日

漢字足し算 24

名前

漢字の足し算をしよう。

＊答えの漢字でことばを作ろう。

① 丬＋⺈＋寸＝将 → 将軍

② 不＋口＝否 → 否決

③ 言＋刃＋心＝認 → 認め印

④ 丷＋酉＋寸＝尊 → 尊重

⑤ 廿＋口＋夫＋隹＝難 → 非難

⑥ ノ＋扌＋戈＝我 → 我ら

⑦ 中＋一＋貝＝貴 → 貴族

東書6年②

105

94

94 漢字を使おう9／どう立ち向かう？ もしもの世界 月 日

漢字足し算 25

名前

漢字の足し算をしよう。

＊答えの漢字でことばを作ろう。

① 言＋耂＋日＝諸 → 諸君

② 土＋ノ＋子＝孝 → 孝行

③ 一＋十＝干 → 干満

④ 日＋ク＋罒＋儿＝晩 → 朝晩

⑤ 艹＋日＋大＋巾＝幕 → 幕府

⑥ ノ＋卌＋土＝垂 → 垂直

⑦ 言＋寸＝討 → 討議

⑧ 扌＋广＋ム＝拡 → 拡張

東書6年②

106

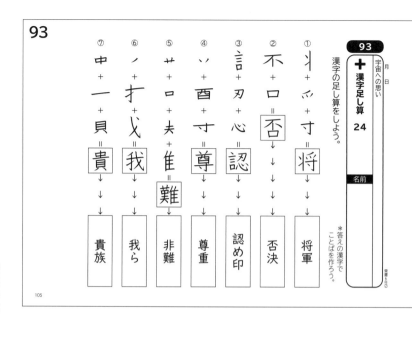

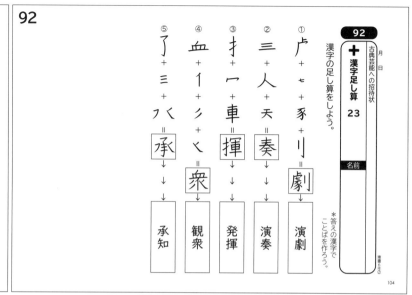

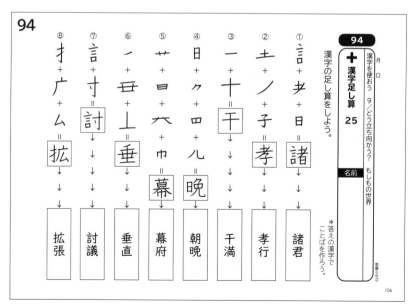

95

95
古典芸能への招待状／宇宙への思い
月　日
足りないのはどこ（形をよく見て）15
名前

足りないところを見つけて、正しく書こう。

① 演《えん》劇《げき》 → 演劇
② 演《えん》奏《そう》 → 演奏
③ 発《はっ》揮《き》 → 発揮
④ 観《かん》衆《しゅう》 → 観衆
⑤ 承《しょう》知《ち》 → 承知
⑥ 将《しょう》軍《ぐん》 → 将軍
⑦ 否《ひ》決《けつ》 → 否決
⑧ 認《みと》め印《いん》 → 認め印
⑨ 尊《そん》重《ちょう》 → 尊重
⑩ 非《ひ》難《なん》 → 非難
⑪ 我《われ》ら → 我ら
⑫ 貴《き》族《ぞく》 → 貴族

東書6年③

107

96

96
漢字を使おう 9／どう立ち向かう？ もしもの世界
月　日
足りないのはどこ（形をよく見て）16
名前

足りないところを見つけて、正しく書こう。

① 諸《しょ》君《くん》 → 諸君
② 孝《こう》行《こう》 → 孝行
③ 干《かん》満《まん》 → 干満
④ 朝《あさ》晩《ばん》 → 朝晩
⑤ 幕《ばく》府《ふ》 → 幕府
⑥ 垂《すい》直《ちょく》 → 垂直
⑦ 討《とう》議《ぎ》 → 討議
⑧ 拡《かく》張《ちょう》 → 拡張

東書6年③

108

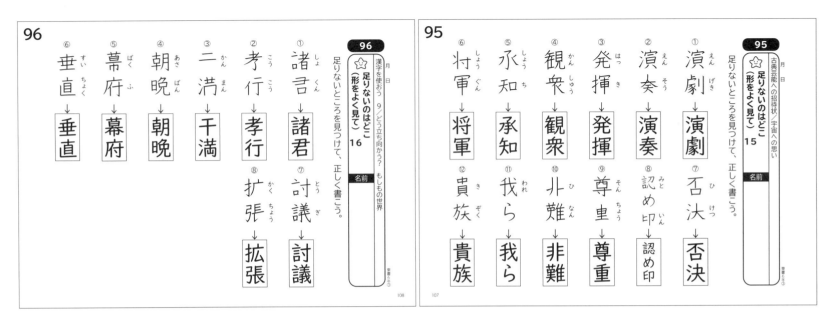

3学期の答え

97～99

97

97

月　日

古典芸能への招待状

漢字を入れよう 23

名前

文を読んで、ぴったりの漢字を入れよう。

①この**劇**場では、ミュージカルをやっている。

②音楽会で、いろんな楽器を使って合**奏**する。

③音楽会で、先生が合唱の指**揮**をする。

④国会には、**衆**議院と参議院がある。

⑤無理を**承**知で、先生にお願いする。

ヒント　揮　承　奏　劇　衆

東書6年④

109

98

98

月　日

宇宙への思い

漢字を入れよう 24

名前

文を読んで、ぴったりの漢字を入れよう。

①歴史が好きで、戦国武**将**の名前を覚える。

②あの人は、相手の話を全て**否**定する。

③和食の良さが、世界に**認**められる。

④一人一人の意見を**尊**重して、考える。

⑤この問題は、ぼくには**難**しくて答えられない。

⑥今回は、**我**ながら、よく勉強したと思う。

⑦お金や時計などの、**貴**重品を預ける。

ヒント　難　否　我　貴　認　将　尊

東書6年④

110

99

99

月　日

漢字を使おう9／どう立ち向かう？　もしもの世界

漢字を入れよう 25

名前

文を読んで、ぴったりの漢字を入れよう。

①一人で、ヨーロッパ**諸**国を旅する。

②いつもいそがしい両親に、親**孝**行をする。

③天気が良いので、洗たく物を外に**干**す。

④父は、毎**晩**、帰りが八時ごろです。

⑤バレーボールの大会が、開**幕**する。

⑥おいしそうなにおいに、よだれを**垂**らす。

⑦テレビで、政治についての**討**論会があった。

⑧虫めがねで、小さな文字を**拡**大する。

ヒント　垂　討　幕　干　諸　晩　拡　孝

東書6年④

111

【監修者】
竹田　契一（たけだ　けいいち）
大阪医科薬科大学 LD センター顧問，大阪教育大学名誉教授

【著者】
村井　敏宏（むらい　としひろ）
青丹学園発達・教育支援センター フラーテル L.C.,
S.E.N.S（特別支援教育士）スーパーバイザー，言語聴覚士，
日本 LD 学会会員，日本 INREAL 研究会事務局

中尾　和人（なかお　かずひと）
小学校教諭，S.E.N.S（特別支援教育士），公認心理師，
精神保健福祉士，日本 LD 学会会員

【イラスト】 木村美穂
【表紙デザイン】 ㈲ケイデザイン

通常の学級でやさしい学び支援
改訂　読み書きが苦手な子どもへの
＜漢字＞支援ワーク　東京書籍６年

2024年８月初版第１刷刊
監修者　竹　田　契　一
©著　者　村　井　敏　宏
中　尾　和　人
発行者　藤　原　光　政
発行所　明治図書出版株式会社
http://www.meijitosho.co.jp
（企画・校正）西野千春
〒114-0023　東京都北区滝野川7-46-1
振替00160-5-151318　電話03（5907）6640
ご注文窓口　電話03（5907）6668

＊検印省略
組版所　株　式　会　社　明　昌　堂

Printed in Japan　ISBN978-4-18-923631-3